LARA WILLIAMS

DIE ODYSSEE

Roman

Aus dem Englischen von Eva Bonné

ATLANTIK

Die Originalausgabe erschien 2022 unter dem Titel *The Odyssey* bei
Hamish Hamilton, einem Imprint von Penguin Random House UK.

Atlantik ist ein Imprint des
Hoffmann und Campe Verlags, Hamburg.

1. Auflage 2022
Copyright © 2022 Lara Williams
Für die deutschsprachige Ausgabe:
Copyright © 2022 Hoffmann und Campe Verlag, Hamburg
www.hoffmann-und-campe.de
Umschlaggestaltung: Vivian Bencs © Hoffmann und Campe
Umschlagabbildung: © Misak Aghababyan/Unsplash
Satz: Pinkuin Satz und Datentechnik, Berlin
Gesetzt aus der Bembo Std
Druck und Bindung: GGP Media GmbH, Pößneck
Printed in Germany
ISBN 978-3-455-01471-6

Ein Unternehmen der
GANSKE VERLAGSGRUPPE

Für Marek und Peet

LAND

Eins musst du verstehen, sagte Keith, *alles kommt aus dem Nichts, und alles verschwindet im Nichts. So lautet das Prinzip des Wabi-Sabi.*

Er deutete vage auf die Büroeinrichtung. In den Regalen standen Glasfiguren und Schmuckvasen, mit Edelsteinen besetzte Pillendosen und betont eigenartige Kuriositäten. Er streckte die Hand aus und nahm eine graue Tonschale vom Schreibtisch. *Hier*, sagte er und fuhr mit dem Daumen über eine winzige Macke im Rand. *Siehst du?*

Ich nickte.

Jetzt du, sagte er

Ich sah mich um. Es war unser erstes persönliches Gespräch. Ich wusste nicht genau, wie ich mich verhalten sollte. Ich zeigte auf ein Ölgemälde, Obst in einer Schüssel. *Ist das Wabi-Sabi?*, fragte ich.

Nein, sagte er kopfschüttelnd.

Ich zeigte auf einen metallenen Briefbeschwerer, glatt und rund. *Ist das Wabi-Sabi?*

Nein, sagte er.

Ich zeigte auf eine Vase auf einem der Aktenschränke. Sie war dunkelbraun und ein bisschen schief. *Ist das Wabi-Sabi?*

Jetzt hast du es verstanden, sagte er und schnipste mit den Fingern.

SEE

Als ich das Memo bekam, war ich zum Dienst im Geschenkeshop eingeteilt. Ich arbeitete gern im Geschenkeshop, vor allem an der Kasse. Sie stand in der Mitte des Ladens auf einer freistehenden, massiven Holzsäule. An der Kasse kam ich mir vor wie an einem Schiffsruder. Ich stützte die Ellenbogen auf, atmete die schale, wiederaufbereitete Luft und beobachtete die Verkaufsfläche. Die Leute schoben sich lethargisch zwischen den Regalen durch, und ich tat so, als wäre ich für sie alle verantwortlich. In Gedanken erteilte ich ihnen Befehle. Manchmal gehorchten sie, und dann stellte sich ein warmes Gefühl ein, ähnlich wie früher, wenn ich mir Hundevideos im Internet angesehen hatte. Davon konnte ich eine Weile zehren.

Von der Kasse aus hatte ich fast den ganzen Laden im Blick. Zu meiner Rechten befanden sich die handgemachten Pralinen in ausgefallenen Geschmacksrichtungen wie Wasabi, Ziegenquark, Gouda oder Sonnengetrocknete Tomaten. Daneben lagen die mit dunkler Schokolade oder salzigem Karamell überzogenen Exoskelette von essbaren Insekten. Links von mir stapelten sich Teppiche und Decken aus Tierhäuten. Kein Stück glich dem anderen, und alle waren völlig intakt. Die Haut war vom Körper gerutscht wie eine Apfelschale, die von einem besonders geschickten Mädchen in einer einzigen, langen Spirale von der Frucht geschnitten wird. Im vorderen Bereich befanden sich Ständer mit vermeintlicher Designermode. Von den meisten Markennamen hatte ich nie gehört, aber sie klangen europäisch genug, um die Kundschaft zu überzeugen.

Weiter hinten gab es Parfums, Kosmetik, Wodka in Totenkopfflaschen, Wanduhren aus alten Schallplatten, Legostein-Ohrringe, vergoldete Kugelschreiber und Uhren, die selbst hundertfünfzig Meter unter der Meeresoberfläche noch funktionierten. Es gab natürlich auch billigere Ware. Schlüsselanhänger aus Kunststoff, T-Shirts mit dem Logo der *WA* und Kaffeebecher mit dem Schriftzug *I Love You, Mum*. Die Einrichtung erinnerte ein bisschen an ein Opernhaus. Kuppeldach, schwere Samtvorhänge. Der weiße Marmorimitatboden war von goldenen und grauen Adern durchzogen, die Luft roch nach Duftölen und Parfums. Am Vortag war ein amerikanisches Paar hereingekommen, die Frau hatte sich umgesehen und gerufen: *Schatz, ist das nicht toll, wir kaufen alle Geschenke einfach hier und brauchen nicht mal das Boot zu verlassen*. Der Shop war einer von mehreren an Bord, und alle sahen identisch aus.

Am Morgen hatte ich den Boden gewischt, was auch die letzte Aufgabe des Tages sein würde. Wenn ich unmittelbar nach einer Spätschicht zur Frühschicht antreten musste, beschlich mich oft das unangenehme Gefühl, neben mir zu stehen, als könnten sich mein Körper und mein Gehirn nicht darauf einigen, wo genau ich mich auf der Zeitachse gerade befand. Oft musste ich mich bewusst erinnern, wie ich aufgewacht und davor eingeschlafen war, wie ich mich ins Bett gelegt und abgeschminkt hatte. Manchmal ging ich noch weiter zurück und erinnerte mich daran, wie ich auf dem Schiff angefangen hatte, wie ich aus der alten Wohnung ausgezogen war, an meine Hochzeit, an die bestandene Aufnahmeprüfung, wie ich mir beim Rollerskaten den Arm gebrochen hatte. Vor kurzem hatte ich einen Zwang entwickelt: Ich versuchte, mich zu erinnern, was ich vor exakt einem Jahr getan hatte – nach mehreren Jahren auf der *WA* natürlich eine schwierige Aufgabe. Ich hatte zu oft das Gleiche getan. Mia nannte es meine *autochronologische Endopathologie*. Wenn sie nicht gerade das Baby spielte, konnte sie ziemlich clever sein.

Nachdem ich den Boden gefeudelt hatte, wischte ich alle Oberflächen ab und versprühte etwas von unserem teuersten Lufterfrischer. Danach holte ich die Schnittblumen aus dem Schnittblumenkühlschrank und verteilte sie im Laden. Ich war die einzige Mitarbeiterin, die an der Schnittblumenschulung teilgenommen hatte, und mein Kollege Zach hasste mich dafür. Er sagte, ich sei kein Augenmensch. Er sagte das mindestens zweimal täglich. Oft ging er, wenn ich mit den Blumen fertig war, durch den Laden und tat so, als zupfte er unsichtbare Flusen von den Sträußen. Er hätte sie aber niemals berührt, weil er genau wusste, dass er das nicht durfte. Ich beobachtete ihn von der Kasse aus, verdrehte die Augen und hoffte, dass er es sah.

Am späten Vormittag hielt sich eine Kundin ein Strass-T-Shirt mit dem Schriftzug *Chic* vor die Brust und musterte sich im Spiegel. Kauf es!, dachte ich. Kauf es! Kauf es! Aber sie kaufte es nicht. Sie faltete es laienhaft zusammen – allerdings nicht so laienhaft, dass ich mich verpflichtet gefühlt hätte, hinzugehen und es neu zu falten – und legte es ins schmale Glasregal zurück. Ich meinte zu spüren, wie mein Serotoninpegel fiel.

Am späten Nachmittag kam der tägliche Newsletter. Wie immer war darin der ganze Unsinn nachzulesen, der an Bord so getrieben wurde. Ein Hypnotiseur in der Cocktail-Lounge. Polynesische Nacht mit Poke. Vortrag einer Meeresbiologin, die vertraglich verpflichtet war, keine Fragen zu Meeresspiegel, sterbenden Weichtieren, Korallenriffen oder Walen zu beantworten.

Eine Rubrik trug die irrige Überschrift *Neues von den Passagieren*. Eine Rubinhochzeit inklusive Foto der Jubilare mit Champagnerflöte in der Hand. Soundso war gestorben. Ich stellte mir vor, wie Mia auf der Suche nach Geschichten über das Schiff lief. Sie hatte Dienst in der Nachrichtenredaktion und hasste ihren Job. Sie sagte, alle hier hätten dieselbe Geschichte, alle wären reich und unglücklich.

Nach der Newsletterlektüre bereiteten wir das sogenannte Twilight vor, die frühen Abendstunden, in denen wir Yéyé spielten und Himbeermartinis servierten. Die Leute schauten vorbei, um vor dem Abendessen noch schnell etwas zu besorgen. Einige der weiblichen Passagiere kauften Abendkleider, Catsuits oder Blusen, die sie gleich anbehielten und zum Essen trugen. Ich wurde meistens für die Umkleiden eingeteilt, weil ich ein Talent für klemmende Reißverschlüsse und Small Talk mit Ehemännern hatte. Ich hatte generell eine ziemlich gute Vorstellung davon, was Ehemänner sich wünschten, und ich kam ihren Wünschen gern nach. Aber noch bevor ich meinen Posten beziehen konnte, tauchte ein Kurier im Eingangsbereich auf und eilte mit einem von sich gereckten Umschlag auf mich zu. Der Umschlag war schlicht und hellbraun und wirkte sehr bescheiden.

Ingrid, sagte er. *Bist du Ingrid?*
Ja, sagte ich.
Glückwunsch, sagte er. *Du hast ein Memo von Keith.*
Er überreichte mir den Umschlag. Ich hielt ihn mir unter die Nase und inhalierte. Das Papier roch nach Butter und Malz, wie ein Kuchen, dem die entscheidende Zutat fehlt. Mein Herz klopfte schneller. Plötzlich stand Zach neben mir.
Mach auf, sagte er.
Ich sah ihn an. *Nun mach schon*, sagte er. *Wir haben nicht den ganzen Tag Zeit.*
Ich schob einen Finger unter die Lasche und riss den Umschlag auf. Meine Hände zitterten ganz leicht. Ich hielt mir das Blatt vors Gesicht, sah den *WA*-Briefkopf und Keiths geschwungene, schräge Unterschrift. Ich fuhr mit dem Daumen darüber, um herauszufinden, ob sie echt war oder fotokopiert. Den Text las ich kursorisch und in Batzen, als äße ich ein Menü in der falschen Reihenfolge. Aber ich wusste auch so, was da stand. Ich hatte es gewusst, als ich den braunen Umschlag gesehen hatte.
Ich wurde auserwählt, sagte ich.
Ich gab Zach den Brief und sah ihn in gespielter Überraschung an, als bräuchte ich, um es wirklich glauben zu können, seine Bestätigung. Aber eigentlich wollte ich nur, dass er es mit eigenen Augen sah. Ich wollte es ihm unter die Nase reiben. Zach verdrehte den Kopf der Gelenkleuchte und richtete den Lichtstrahl aufs Papier. Ich sah, wie seine Augen sich beim Lesen ruckartig bewegten. Mit einer angespannten Miene des Bedauerns gab er mir den Brief zurück.
Das soll wohl ein Witz sein, sagte er.
Ich bin drin, oder?

Du bist drin, sagte er. *Scheiße noch mal.*
Er rupfte mir den Brief wieder aus der Hand.
Was mache ich jetzt?, fragte ich.
Du sagst natürlich ja.
Okay. Genau. Zu wem?
Zu Keith. Bei der Zeremonie.
Zach sah mich ebenso nervös wie eindringlich an. Es war einfach nur ermüdend.
Wann ist die Zeremonie?, fragte ich.
Wie kannst du das nicht wissen? Wozu hast du dich überhaupt beworben? Sein Gesicht wurde starr. *Morgen*, sagte er. *Höchstwahrscheinlich.*
Ich hob den Kopf und sah Passagiere durch den Laden gehen. Die Kleidersäume der Frauen streiften den Boden und setzten Staub an. Die Männer trugen Schwarz-Weiß und hatten breite, kantige Schultern. Der Abend konnte beginnen. Ich steckte den Brief ein und sagte Zach, ich müsse los. Warum ich das sagte, weiß ich nicht. Er war nicht mein Vorgesetzter, ich war ihm keine Erklärung schuldig.
Meine Schicht ist vorbei, sagte ich.
Für dich ist noch viel mehr vorbei, sagte er.
Was soll das heißen?
Zach strich über die Tasten der Kasse und spielte den Beschäftigten.
Ich glaube, du weißt genau, was das heißen soll, murmelte er mit gesenktem Kopf.
Ich ging durch den Shop und fragte mich, was mich an Zach eigentlich so störte. Vielleicht sein übertrieben taktiler Umgang mit der Kasse und ihrem Inhalt. Manchmal erwischte ich ihn dabei, wie er mit den Fingerspitzen über das falsche Kreuzfahrtgeld fuhr. Manche Kunden wollten

nur damit bezahlen. Einmal hatte er mir erzählt, Keith habe die Scheine persönlich entworfen und in der Illustration alle möglichen geheimen Bedeutungen versteckt. Der Tiger stehe beispielsweise für Macht. Ich warf einen Blick über die Schulter; Zachs helle, irre Augen starrten mir nach. Ich beschleunigte meine Schritte, erreichte den Ausgang und fühlte mich wie ein Ballon am Himmel oder wie ein Tier, das sich von der Kette losgerissen hat, ungebunden und frei.

∼∼∼∼∼

Nach einer Schicht ging ich normalerweise direkt in meine Kabine. Wenn ich mich von Aufzügen, Rolltreppen und Laufbändern fernhielt, brauchte ich für den Weg ungefähr eine halbe Stunde, eine eher durchschnittliche Strecke auf dem Schiff. Ganz zu Anfang hatte ich die Vorstellung, dass man hier an ein und demselben beweglichen Ort viele unterschiedliche Leben führen konnte, noch sehr aufregend gefunden. Man konnte in einem der unzähligen Restaurants essen oder in einem der vielen Pools schwimmen, jeder davon einzigartig im Hinblick auf Form, Tiefe, Wassertemperatur und Konzept. Man konnte Minigolf spielen, mit der Seilrutsche fahren oder aus einem der Escape Rooms entkommen, die es in gleich mehreren thematischen Ausführungen gab. Man konnte sein Falschgeld in einen kitschigen Brunnen werfen oder durch einen vertikalen Garten klettern. Es gab eine Zeitung und ein Fernsehstudio. Eine Konzerthalle. Ein Krankenhaus.

Aber obwohl mich gerade dieses Kaleidoskop aus unbestreitbar unterhaltsamen Angeboten auf die *WA* geführt hatte, musste ich mir nach dem ersten Jahr eingestehen, dass ich die meiste Zeit einfach nur in meiner Kabine saß oder mich zu einfallslosen Unternehmungen mit Mia und Ezra verabredete. Es gab bestimmte Aktivitäten, die wir jeweils zu zweit unternahmen und die der Feinjustierung unserer besonderen Gruppendynamik dienten. Mia und ich sahen uns Filme im Kino an, wo wir uns Popcorn und ein Getränk teilten. Oder wir gingen spazieren und danach zum Abendessen in die Personalkantine. Mia hatte Energie, und sie verströmte Energie, was wohl etwas mit ihren spitzen Gesichtszügen zu tun hatte. Ezra wirkte hingegen eher beruhigend. Mit ihm lag ich am Crewpool, ohne je ins Wasser zu gehen, oder wir trafen uns in seiner Kabine und sahen stundenlang fern. Manchmal hängten wir uns einfach nur über die Reling und betrachteten das Meer. Wenn wir alle drei frei hatten, was nur selten vorkam, spielten wir Familie.

An dem Tag, an dem ich das Memo bekommen hatte, ging ich über den Boardwalk nach Hause, die Hauptpromenade im Herzen des Schiffs. Auf diesem abgesenkten Abschnitt, der von endlosen Rängen darüberliegender Decks gesäumt war, tummelten sich herausgeputzte Passagiere zwischen überdachten Imbissbuden und Straßenkünstlern. Unechte Zirkusmusik aus riesigen Boxen übertönte das Meeresrauschen. Die Menschenmenge zu durchqueren, dauerte eine ganze Weile. Ich war unter Deck mit Mia und Ezra verabredet.

Ezra bewohnte wie ich eine Einzelkabine. Die ohnehin schon weißen Wände hatte er mit lockeren weißen Baumwolltüchern verhängt, angeblich wegen ihrer Oberflächenstruktur. Er sagte, weil alles auf dem Schiff so glatt und rutschig sei, fühle er sich wie ein Kater in einer Badewanne. Er scharrte mit den Pfoten und fand keinen festen Halt.

Ich habe dir Wassermelone hingestellt, rief er aus dem Bad. Er arbeitete in der Personalküche und brachte immer das übrig gebliebene Obst mit.

Mia kommt ein bisschen später. Er trat aus dem Bad und trocknete sich mit einem Handtuch das Gesicht ab. *Möchtest du fernsehen?*

Ezra war Mias kleiner Bruder, aber sie ähnelten einander kein bisschen. Seine Haut hatte einen Olivton wie die von Mia, war aber viel heller, fast als wäre er verblichen. Er wirkte immer wie ein Mensch zwischen Tür und Angel. Er war gutmütig, aber unentschlossen. In seiner Nähe zu sein, fühlte sich oft wie reiner Zufall an, selbst bei unseren geplanten Verabredungen. Oft riss er mitten im Gespräch die Augen auf, als wäre er überrascht, mich zu sehen.

Er schaltete den Fernseher ein. Das Bett hinter ihm war ungemacht. Auf dem Laken lagen ein Buch über bessere Kommunikation am Arbeitsplatz, ein Teelöffel mit Schmutzring und eine Styroporbox voller angetrockneter Schlieren aus Ketchup und Senf. Drei Pommes waren noch übrig. Mir fiel auf, dass Ezra sich noch kein Hemd angezogen hatte.

Wie wäre es mit Friends?, fragte er. *Oder* Der Prinz von Bel-Air?

Mir egal, sagte ich. *Was immer du willst.*

Ich fragte mich, warum ich immer so aggressiv klang, selbst wenn ich sanft und umgänglich rüberkommen wollte.

Ezra wischte einmal mit dem Unterarm über das Bett, und der ganze Müll fiel zu Boden. Er setzte sich hin, rutschte zur Seite und lehnte sich mit dem Rücken an den Wandstoff. Seine Kabine war fensterlos. Ich streckte mich neben ihm aus, und dann sahen wir fern. Chandler war zusammen mit einem Model in einem Geldautomatenvorraum eingesperrt.

Wir lachten, als er sagte, ein Kaugummi sei einwandfrei. Ich war müde, kurz vorm Einschlafen, als Ezra mir plötzlich laut und ohne Vorwarnung in die Haare hustete. Ich legte mir eine Hand an den Hinterkopf. Ich wusste nie genau, ob ich Ezra wirklich liebte oder nur bemitleidete. Mitleid von Liebe zu trennen, war mir immer schon schwergefallen.

Ich wurde auserwählt, sagte ich.

Auserwählt wofür?

Für diese Sache, sagte ich. *Als ob du das nicht wüsstest.*

Ach, das. Ich wusste gar nicht, dass du dich beworben hast.

Ja. Habe ich.

Na dann, sagte er. *Schön.*

Eine Katze sprang Ross auf den Rücken. Er versuchte, sie abzuschütteln, aber sie krallte sich fest. Sein Pullover hatte die Farbe eines Sonnenuntergangs.

Wann kommt Mia?, fragte ich.

Bald.

Obwohl ich mich mit keinem Menschen auf der Welt wohler fühlte als mit Mia, machte sie mich immer noch nervös. Lange Zeit hatte ich geglaubt, es läge an ihrer Schönheit, aber vor kurzem war mir klar geworden, dass der Grund ein anderer war: Ihr war absolut egal, ob sie gemocht wurde. Einmal sagte Ezra zu mir: *Es ist nett, nett zu sein.* Und ich musste ihm recht geben, es war tatsächlich nett, nett zu sein. Das kumpelhafte Miteinander der Nettigkeit gab mir viel. Es bedeutete, dass die Leute einem nicht zu lange ins Gesicht sahen. Für Mia hatte es allerdings keinen Reiz. Manchmal konnte man fast zuschauen, wie sie beschloss, unfreundlich zu sein.

Weißt du, was ich mir wünsche?, fragte Ezra mit lauter Stimme. Er musste Monica übertönen, die sich gerade furchtbar über Kekskrümel oder Tintenflecken oder etwas in der Art aufregte. *Ich wünsche mir, dass alle Tücher plötzlich auf mich runterfallen. Dann wäre ich herrlich eingemummelt.*

Wenn du möchtest, machen wir das.

Er hustete wieder in meinen Nacken.

Ich hörte Mia draußen vor der Tür. Sie schnaufte, schob die Schlüsselkarte in den Schlitz.

Mia!, rief ich zur Begrüßung.

Hallo, sagte sie schwer und gedehnt, dann ließ sie sich quer auf uns fallen.

Ich hatte Mia bei der Einführung kennengelernt. Wir waren in Zweiergruppen aufgeteilt worden und sollten einander fünf geschlagene Minuten lang in die Augen sehen. Angeblich förderte das Nähe und Vertrauen zwischen den Angestellten. Ich musste an meinen Mann denken und wie ich, statt ihn zu fragen, warum er so schlechte Laune hatte, seinen Suchverlauf durchgegangen war. Dass ich im Badezimmer hastig und lautlos masturbiert hatte, statt ihm Sex vorzuschlagen. Ich wollte keinen Blickkontakt mit Mia. Ich wollte mit niemandem Blickkontakt.

Bis zu dem Tag hatte ich mir Blickkontakt immer als eine gegenseitige Annäherung vorgestellt, und am Ende trifft man sich in der Mitte. Zwei Steinengel stehen rechts und links von einem Brunnen und speien einander an, und über dem Becken schließen sich die Wasserstrahlen zusammen. Aber als ich Mia in die Augen sah, merkte ich, dass es sich keinesfalls um einen ausgewogenen Vorgang handelt; es ist vielmehr so, dass die eine Person der anderen in den Mund spuckt. Eine gibt, die andere empfängt. Und gegen ihren Blick konnte ich ungefähr so viel ausrichten wie ein würgendes Haustier gegen die Spritze, mit dem ihm ein Antibiotikum ins Maul geträufelt wird. Ich erinnerte mich an den Jungen von meiner Schule, der über den Hof gelaufen war und gerufen hatte: *Du bist jetzt meine Freundin!* Danach war ich zwei Jahre lang seine Freundin gewesen. Wahrscheinlich hatte ich es einfach hingenommen. Anscheinend musste man mir alles erklären. Du bist die Richtige für mich. Es war, als hätte Mia bei der Einführung genau das zu mir gesagt.

Hast du die Neuigkeit schon gehört?, fragte Ezra.

Mia rollte sich auf den Rücken.

Welche?, fragte sie. *Was ist die Neuigkeit? Wenn du was Neues weißt, solltest du mir davon erzählen!*

Ich wurde auserwählt.

Auserwählt?, fragte sie. *Oh, warte mal. Auserwählt?*

Ich nickte. Ezra beugte sich herüber. *Mia, willst du Wassermelone? Ich habe Wassermelone da.*

Nein, danke, Ezra, sagte sie. *Und, wie geht es dir damit? Hast du es heute erfahren? Ist die Zeremonie morgen?*

Kann sein, sagte ich. *Und es geht mir gut damit. Keine Ahnung. Wir müssen nicht drüber reden.*

Wow, sagte Mia, setzte sich auf und stellte sich dann hin. *Warum du?*

Wie meinst du das?

Ich meine, warum haben sie dich ausgewählt?

Ja, schon klar.

Nein, nein. Es ist nur so, ich habe immer gedacht, die Leute, die sie auswählen, wären irgendwie … besonders.

Können wir jetzt bitte Familie spielen, ging Ezra dazwischen. *Ich werde müde.*

Mia drehte sich zu ihm um. *Sicher*, sagte sie trocken.

Familie geht so: Einer ist die Mutter. Einer ist der Vater.

Einer ist das Baby. Ich weiß nicht mehr, wie wir darauf kamen, es hatte sich irgendwie so ergeben, und nach einer Weile gaben wir dem Ganzen einen Namen und machten es damit offiziell. Die Rollen wechselten, aber alle waren sich einig, dass Baby die beste war. Wenn wir uns müde oder uninspiriert fühlten, legten wir das Baby einfach aufs Bett, brachten ihm etwas zu essen und gaben ihm das zu trinken, was gerade da war. Wir strichen ihm über den Kopf und flüsterten ihm beruhigend ins Ohr. Manchmal hatten wir mehr Phantasie und erarbeiteten ein komplexes Szenario, so etwas wie: Der Vater hat vor kurzem herausgefunden, dass die Mutter ihn betrügt, will sie aber nicht zur Rede stellen, während die Mutter einen Knoten in ihrer linken Brust entdeckt hat, der eine latente Essstörung zum Ausbruch bringt, und das Baby leidet unter einer Refluxösophagitis und schläft praktisch nie.

An dem Abend waren wir nicht gerade unternehmungslustig, also entschieden wir uns für das Standardszenario. Ich war mit Baby dran. Ezra war die Mutter und Mia der Vater. Mia deckte mich zu und legte mir einen Handrücken an die Stirn.

Mum, sagte sie, *ich glaube, sie hat Fieber.*

Wirklich?, fragte Ezra. *Denn als ich heute mit ihr unterwegs war, ging es ihr die ganze Zeit gut.*

Er setzte sich ans Fußende und berührte meine Waden.

Kann sein, dass sie tatsächlich ein bisschen warm ist, sagte er. *Würdest du bitte einen kalten Waschlappen holen?*

Mia ging ins winzige Bad und kehrte mit einer Mullbinde zurück, die sie nass gemacht und ausgewrungen hatte. Sie gab sie Ezra, der vom Fußende aufstand und mir das Gesicht damit abtupfte.

Na, na, sagte er. *Ich habe gar nicht gemerkt, wie schlecht es dir geht, meine Kleine.* Zärtlich legte er mir den Lappen auf die Stirn. *Hoffentlich hat sie sich nichts eingefangen. Es gehen gerade ein paar fiese Infekte um.*

Sicher ist es nichts Schlimmes, sagte Mia. *Wir behalten sie einfach im Auge.*

Würdest du bitte leiser sprechen?, sagte Ezra. *Immer machst du das. Kommst rein und schreist rum.*

Ich schreie nicht, flüsterte Mia laut. *Besser?*

Viel besser, sagte Ezra. *Danke.*

Ich lag da und genoss das kühle Gewicht der Kompresse. Das Schiff schaukelte sanft. Ich döste ein. Manchmal bekam ich einen Gesprächsfetzen mit; Mia und Ezra diskutierten darüber, dass Mia mich ständig mit nach draußen nahm, selbst wenn meine Haare noch nass waren.

Ich wachte auf, als Ezra mit einem Finger über meinen Oberarm strich. *Essenszeit*, sagte er und hielt mir eine Flasche mit Aloe-Vera-Wasser vors Gesicht. Mia schob mir eine Hand unter den Kopf, ich reckte den Hals, und Ezra gab mir aus der Flasche zu trinken. Sie war nur noch zu einem Viertel gefüllt, und ich trank den ganzen Rest, obwohl er unangenehm sämig und süß schmeckte. Als ich fertig war, tupfte Mia mir mit einem Tuch die Lippen ab.

Gut gemacht, sagte sie.

Gut gemacht, wiederholte Ezra. Er zog meinen Oberkörper in die Höhe und massierte mir mit kleinen, kreisförmigen Bewegungen den Rücken. Ich rülpste leise. *Sehr gut,* sagte er. *Lass alles raus.*

Willst du mal Wassermelone probieren?, fragte Mia und hielt ein dreieckiges, tropfendes Stück in die Höhe. Ich schob meine Lippen über meine Zähne und biss hinein. Der Saft lief mir über Kinn und Hals. Mia fing ihn mit dem Tuch auf.

Du dummes kleines Ding, sagte sie.

Du hast einen Tropfen übersehen, sagte Ezra. *Lass mich mal.*

Er nahm Mia das Tuch aus der Hand und wischte mir beflissen den Mund ab. Dann gab er es ihr zurück.

Können wir zum Ende kommen?, fragte sie, ließ das Tuch sinken und fiel aus der Rolle. *Um zwölf läuft* Pulp Fiction.

~~~~~

Für Keiths Mentorenprogramm hatte ich mich beworben, weil ich in einer Nachricht dazu eingeladen worden war. Als die Nachricht auf meinem Tablet aufgeploppt war, hatte ich mich in meiner leeren Kabine umgesehen und mich gefragt, ob es sich um einen verwaltungstechnischen Fehler handelte, aber dann wurde mir etwas klar: Ja, ich war tatsächlich ein kleines bisschen besser als meine Kollegen, war es immer schon gewesen. Ich war ein kleines bisschen fleißiger. Mit ein bisschen mehr Begeisterung dabei. Aus demselben Grund hatte ich eine Kabine mit Fenster und die anderen nicht. Keine Frage, ich würde mich bewerben.

Die Bewerbung war aus drei Teilen zusammengesetzt. Zunächst kam der Eignungstest, der aus den üblichen standardisierten Logik- und Psychometrieaufgaben bestand: lange Reihen aus teilweise geschwärzten Kästchen, die in die richtige Reihenfolge gebracht werden wollten, Fake-Zeitungsartikel über den Zustand der Autoindustrie oder die Französische Revolution, die es zu verstehen galt. Beim zweiten Teil musste ich mich selbst filmen und erklären, warum ich am Programm teilnehmen wollte. Zum Schluss sollte ich in einem Aufsatz darlegen, was Wabi-Sabi mir bedeutete und wie ich das Prinzip im Alltag umsetzte. Der erste Teil war knifflig. Zwar hielt ich mich für überdurchschnittlich intelligent, aber das traf wohl auf die Mehrheit der Crew zu. Der zweite Teil fiel mir schon leichter. Ich hatte an allen verfügbaren Kundendienstschulungen teilgenommen und wusste, wie sich Interesse vorschützen ließ. Und ich wusste auch, dass der entscheidende Teil der letzte war.

Ich überlegte lange und schritt in meiner Kabine auf und ab. Ich spielte mit dem Gedanken, einen fauligen Apfel zu essen und seinen Geschmack und seine kristallinen Goldschattierungen zu beschreiben, aber da fiel mir meine Zahnbürste ein. Vor ein paar Monaten war das Ende des Griffs abgebrochen. Ich schrieb, seither sei die Zahnbürste aus einem rätselhaften Grund schöner als zuvor; die Unvollständigkeit verleihe ihr einen eigenen Reiz, eine unbestreitbare Anmut. Ich schrieb, dass sie kaputtgegangen war, weil ich sie mir zu schnell aus dem Mund gerissen hatte, und dass dabei auch einer meiner Zähne beschädigt worden war. Wie ich das muschelförmige Stückchen in der Hand gehalten und untersucht hatte wie eine kleine Perle. Das Ganze war ein Unfall gewesen, aber nun war das dabei herausgekommen. Ich tippte auf absenden, ging ins Badezimmer und warf die Zahnbürste in den Mülleimer. Dann nahm ich mein Tablet, öffnete den Tab mit dem Warenangebot und bestellte eine neue.

∾∾∾∾∾

Am Morgen nach meinem Besuch bei Mia und Ezra hatte ich frei, damit ich an der Initiationszeremonie teilnehmen konnte. Sie fand in Keiths Büro auf dem Oberdeck statt. Im Wartebereich saßen ein paar andere Leute, die wahrscheinlich ebenfalls zum Programm zugelassen worden waren. Eine Empfangsdame nahm meine Daten auf und bot mir ein Erdbeermochi und Gurkenwasser an, ohne den Blick vom Bildschirm zu nehmen. Ihre Uniform war adrett und sauber, eine leere Leinwand der Effizienz. Vor dem Empfangstresen standen mehrere Reihen aus schwarzen Stühlen mit gerader Lehne, dahinter waren flache Sitzkissen zu einem Kreis am Boden ausgelegt. Ich holte mir ein Glas Wasser und ein kätzchenförmiges Mochi, nahm im Schneidersitz auf einem der Kissen Platz und biss dem Mochi den Kopf ab, samt geschlossenen Augen und aufgemaltem Mund. Ich nippte am Gurkenwasser. Es schmeckte bitter und abgestanden. Zwischen meinen Backenzähnen setzten sich Gurkenfasern.

Ich sah mich im Wartebereich um. Wir waren zu zehnt. Zwei der Frauen erkannte ich wieder, Madeleine und Kai, und auch einen Mann mit Muttermal mitten auf dem Kinn. Mit Madeleine hatte ich in der Küche zusammengearbeitet, Kai kannte ich von meinem Dienst in einem der Casinos auf dem Unterdeck. Über Madeleine wusste ich nicht viel, aber das Casino hatte ich noch in lebhafter Erinnerung. Im Teppichflor versunkene High Heels. Bunte Lichter und Männer, die am Handy weinen. Kais Haare hatten säuerlich gerochen, wie billiger Wein. Den Mann konnte ich nicht einordnen, aber wir begrüßten einander mit einem knappen Nicken. Dieser kurze Moment der Kameradschaft löste ein Summen in meinem Unterleib aus, aber ob das Gefühl Nervosität war oder Aufregung, wusste ich nicht. Ich hatte einmal gehört, mit Nervosität würde man am besten fertig, indem man sich einredet, man wäre einfach nur aufgeregt. Die Körpersignale sind in beiden Fällen dieselben. Das Hirn lässt sich praktisch alles vorgaukeln.

Die Empfangsdame rief Kai auf, die sich erhob und zum Zeichen ihrer Ängstlichkeit die Schultern hochzog. Als die Tür geöffnet und geschlossen wurde, war ganz kurz Keiths Stimme zu hören. Ich war nervös. Oder aufgeregt.

Ich stand auf und holte mir noch ein Mochi, diesmal in Form eines Kaninchens. Ich setzte mich wieder hin, schob mir das Mochi in den Mund und merkte zu spät, dass ich kein Wasser mehr hatte. Ich konnte unmöglich ein drittes Mal zum Tresen gehen. Ich kaute und kaute, aber das Mochi veränderte weder seine Größe noch seine Konsistenz. Nach einer Weile gab ich auf, und als niemand hinsah, spuckte ich es in meinen Ärmel, wo es sich an mein Handgelenk schmiegte wie ein lebendiges Wesen. Die anderen starrten aufs Tablet oder hielten die Augen geschlossen wie beim Meditieren. Ich war erleichtert, dass niemand den peinlichen Moment mitbekommen hatte, gleichzeitig fühlte ich mich mit dem Albtraum alleingelassen. Irgendwann kam Kai mit geröteten Wangen und Tränen in den Augen heraus, und mein Name wurde aufgerufen. Ich erhob mich und achtete darauf, dass das Mochi nicht aus meinem Ärmel rutschte. Das Leben ist die Hölle, dachte ich und betrat Keiths Büro.

Es war ziemlich klein. Keith saß hinter dem Schreibtisch, auf dem nichts stand außer einem Baumscheibentablett mit zwei kleinen Schalen und einer gusseisernen Teekanne mit gekerbtem Bambusgriff. Ich setzte mich hin wie ein sehr braves Mädchen. Keith ragte hinter dem Schreibtisch auf und war viel größer als in meiner Erinnerung. Sofort war ich mit der Frage beschäftigt, ob ich ihn attraktiv fand, und falls nicht, ob der Umstand mich, sollte sich je eine Gelegenheit dazu ergeben, vom Sex mit ihm abhalten würde. Hoffentlich waren mir meine Gedanken nicht vom Gesicht abzulesen. Ich faltete die Hände und legte sie mir in den Schoß.

Ingrid, sagte Keith. *Bitte, nimm Platz.*

Danke, sagte ich. *Aber ich sitze schon.*

Verstehe, sagte er. *Tja, dann mach es dir bequem.*

Ich krümmte Schultern und Rücken, bis ich in eine möglichst bequeme Position gefunden hatte. Ich wartete ab, doch er schwieg.

Ich bin sehr dankbar für diese Chance, sagte ich und versuchte zu lächeln. Das feuchte Mochi drückte sich an mein Handgelenk.

Dankbar, sagte er. *Interessante Wortwahl.*

Er stand auf, griff zur Teekanne und schwenkte sie mit viel Trara. Auf einmal erinnerte er mich an meinen Vater kurz nach der Pensionierung, wie er in liebenswerter Umständlichkeit hinter dem Sofa herumgekramt hatte. Ich schaute zu, wie er den Tee in die Schalen goss. Der Tee roch nach Sojasauce und Kräutern. Keith nahm wieder Platz und deutete auf eine Schale. Ich beugte mich vor, nahm sie mit beiden Händen und blies reflexhaft auf die klare braune Flüssigkeit. Keith nahm seine Schale und hielt sie sich vor die Brust. Er wirkte dabei so niedlich und verlegen wie alle großen Männer, wenn sie etwas Mädchenhaftes tun.

Wusstest du, sagte Keith, *dass das Wort dankbar sich von Gedanke, Wille, Absicht herleitet? Von großem Willen erfüllt. Ist das nicht interessant?*

Ja, sagte ich. *Sehr.*

Er lehnte sich vor und schnüffelte am Tee. Die *WA* schlingerte ganz leicht, der Raum schwankte hin und her. Keith hob sich die Schale an die Lippen, trank einen Schluck und schloss genießerisch die Augen. Er wusste, dass ich ihn beobachtete. Er öffnete die Augen langsam, wie jemand, der nach einer Meditation zu sich kommt.

Etwas, worüber ich oft nachdenke, sagte er, *ist die Einzigartigkeit des Augenblicks. Denkst du auch manchmal über Einzigartigkeit des Augenblicks nach?*

Nein, sagte ich höflich.

Tja, solltest du vielleicht.

Er stellte die Schale aufs Tablett zurück und betrachtete sie. Sie war moosgrün und leicht asymmetrisch. Das Licht spiegelte sich darauf.

Diese Schale nennt sich Chawan.

Ich nickte.

Das ist Japanisch, sagte er.

Oh.

Das japanische Wort für Schale.

Er fuhr mit dem Finger über den Rand, zeichnete Dellen und Erhebungen der langsam rotierenden Landschaft nach. Er hielt sie schräg, um mir die matte Unterseite zu zeigen.

Ingrid, sagte er. *Bist du mit der japanischen Ästhetik des Wabi-Sabi vertraut?*

Ja, sagte ich schnell. *Bin ich.*

Und?, sagte er.

Ich setzte mich auf. Ich war hellwach, ich wollte ihm gefallen und hatte keinen Grund, es zu verstecken.

Alles verschwindet im Nichts und alles kommt aus dem Nichts, sagte ich auf.

Genau, sagte er. Er rieb sich übers Gesicht, führte sich abermals die Schale an den Mund. *Weißt du, ich war in Japan.* Er hielt inne, sah gedankenverloren zur Seite. *Ein paarmal sogar.*

Wow, sagte ich.

Was ist mit dir?, fragte er. *Warst du schon mal in Japan? Nein.*

Du solltest unbedingt hin, sagte er. *Falls sich eine Gelegenheit ergibt.*

Ja, sagte ich.

Er nickte. *Trink den Tee.*

Ich betrachtete meine Schale. Sie war regengrau und uneben. Kein Licht spiegelte sich darin. Ich hob sie mir an die Lippen und trank. Der duftige, schwache Tee hatte einen eigenartigen Nachgeschmack. Das Gewicht der Schale in meiner Hand fühlte sich beruhigend an, wie damals mein Ehemann, wenn ich ihn während einer Panikattacke bat, sich auf mich zu legen. Keith am Schreibtisch richtete seinen Blick auf mich, hinter ihm erschien der Horizont.

Wie seltsam, sich vorzustellen, sagte er, *dass derselbe schöpferische Zufall, der diese Schale formte, der Ursprung deines und meines Lebens ist.*

Ich blinzelte in meine Schale und bemerkte dunkle Spuren, die sich am Boden abgelagert hatten. Ich bewegte sie hin und her und versetzte die weichen Körnchen in Bewegung.

Das ist doch bemerkenswert, oder?, fragte Keith.

Ich lächelte breit. *Ja, wirklich*, sagte ich.

Einige Sekunden verstrichen, und ich konnte sehen, wie Keith sich eine Meinung über mich bildete. Er streckte den Arm aus, nahm meine leere Schale, setzte sie in seine und stellte beide aufs Tablett zurück. Er erwiderte mein Lächeln, als wäre ich vage und schwer zu fassen, letztlich aber eine sehr verständige Person.

Irgendwie hast du was, sagte er. *Ich weiß aber nicht genau, was.*

Danke, sagte ich.

Bitte. Die meisten Leute würden das nicht als Kompliment aufnehmen.
Ich nehme, was ich kriegen kann, sagte ich.
Ganz kurz wirkte Keith peinlich berührt. Zum ersten Mal kam mir in den Sinn, dass ich älter sein könnte als er, und ich fragte mich, ob damit eine gewisse Fürsorgepflicht einherging.
Nun, das Programm hat begonnen, sagte er, *und du bist dabei. Glückwunsch.*
Danke.
Du hast dich bereits bedankt. Er runzelte die Stirn. *Aber bitte.*
Er reichte mir die Hand, und ich schüttelte sie. Das nasse Mochi beulte meinen Ärmel aus. Ich hatte es komplett vergessen, war aber, als ich es plötzlich an meinem Handgelenk spürte, seltsam erleichtert. Es klammerte sich an, als hätte es keine Angst davor, bei mir zu bleiben. Ich drehte mich langsam um und schob die Tür auf.
Ingrid, rief Keith hinter dem Schreibtisch. *Vergiss nicht, immer das Beste aus dir herauszuholen, okay?*
Ich drehte mich noch einmal um und nickte ernst.
Nein, sagte ich.
Ich war dankbar. War ich wirklich.

~~~~~

Als ich später an dem Tag zur Arbeit kam, roch der Geschenkeshop nach Salz und schaukelte heftig. Eine Zeit lang hatten wir relativ ruhiges Wetter gehabt, aber nun schien alles in ständiger Bewegung. Was mich leicht nervös machte, denn ich war keine gute Schwimmerin. Genauer gesagt hatte ich nie schwimmen gelernt. Im Bewerbungsverfahren war die Frage nur ein einziges Mal aufgekommen, und natürlich hatte ich gelogen und behauptet, ich hätte als Kind jeden Sommer in irgendwelchen Hotelpools geplantscht und jedes lange Wochenende am Meer verbracht. In meinen Augen war die Frage eher nebensächlich.

Für den Fall, dass das Schiff in Schräglage geriet oder heftig schlingerte, gab es konkrete Verhaltensvorschriften, aber eigentlich blieb das meiste dem gesunden Menschenverstand überlassen. Beispielsweise ab welchem Moment Turbulenzen als echte Gefahr gelten konnten oder wann wir handeln mussten. Als ich den Shop betrat, war Zach schon dabei, kleinere Objekte in die Drahtkörbe zu legen. *Die Deko*, rief er, sobald er mich sah, *um Gottes willen, Ingrid, hilf mir, die Deko zu sichern!* Ich schaute zu, wie er ungeschickt kleine, in Halbedelsteine eingelassene Uhren und alte, zu Pillendosen umfunktionierte Thunfischbüchsen aus den Regalen holte. Er arbeitete schon viel länger im Shop als ich, deshalb fand ich seine Inkompetenz wirklich abstoßend.

Ich stellte mich an die Kasse und beobachtete ihn aus den Augenwinkeln, während ich auf meinem Tablet Mias alte Nachrichten las. Der Shop schwankte. Zach räumte unbeirrt weiter.

Die Glaswaren, sagte ich nach einer Weile. *Zuerst sollten wir uns um die Glaswaren kümmern.*

O Gott, sagte er. *Das tut mir ja so leid. Daran habe ich gar nicht gedacht.*

Ist schon okay, sagte ich, obwohl es kein bisschen okay war und er das hoffentlich wusste. *Du übernimmst die Champagnerflöten, und ich kümmere mich um den Rest.*

Okay, sagte er.

Und bitte denk dran, sie nur am Stiel anzufassen, sagte ich. *So ein Fiasko wie beim letzten Mal möchte ich nicht wieder erleben.*
Natürlich nicht, antwortete er. *Ich fasse nur die Stiele an, ich fasse nur die Stiele an.*

Ich verließ den Kassentresen und näherte mich vorsichtig dem klirrenden Glasregal. Ich nahm eine Champagnerflöte zwischen Daumen und Zeigefinger.

So, sagte ich.

Zach kam angerannt. Er nahm ein Glas hoch.

So?, fragte er.

Seine Hand zitterte.

Sehr gut, sagte ich. *Genau so. Aber bitte nicht rennen.*

Ich lächelte möglichst gequält und machte mich daran, die Whiskeytumbler und Cocktailgläser einzusammeln. Bei hohem Seegang sollten wir die Glaswaren in schaumstoffgepolsterten Kisten verstauen. Ich nahm ein Glas nach dem anderen aus dem Regal und schob es in die weiche, quietschende Lücke. Die Arbeit lag mir. Ich hatte an einer Schulung mit dem Namen Fließende Bewegung teilgenommen, bei der es darum ging, sich ganz entspannt den Wellen anzupassen, statt dagegenzuarbeiten. Das Konzept basierte auf Bon Odori, einer Art japanischem Tanzritual. Bei Sturm konnte man seine Produktivität damit um dreißig Prozent steigern. Mia hatte mir davon erzählt. Die Schulung sei freiwillig, aber da ich im Geschenkeshop arbeiten würde, sei eine Teilnahme in meinem eigenen Interesse. Wir lernten, uns nicht gegen die Kräfte des Ozeans zu wehren, sondern einfach mitzugehen. Man zeigte uns, wie es gemacht wird, wie man sich fließend mit den Wellen bewegt. Nach der Schulung sollten wir uns auf den Rücken legen und spüren, wie das Meer uns trägt. *Das Meer wird euch immer tragen*, sagte die Schulungsleiterin. *Es ist so zuverlässig wie der Boden unter euren Füßen.*

Hinter mir hörte ich ein gedämpftes Klirren. Ich drehte mich um und sah den verzweifelten Zach in einem Ring aus Glasscherben stehen. Im Kunstlicht schimmerten sie grün und blau, wie Schmeißfliegen. Ich ging ganz ruhig hin und half ihm, die Bruchstücke aufzulesen und in den Mülleimer zu werfen. Ich liebte es, Sachen in Eimer zu werfen. Da!, dachte ich jedes Mal. Ab in die Tonne! Alles Schlechte in die Tonne! Ich hatte generell eine Vorliebe für Mülleimer.

Wenn du nicht so zittern würdest, wären wir viel schneller, sagte ich.

Alles dauerte so lange. Alles schien eine Ewigkeit zu dauern, dabei hatten wir so wenig Zeit. Warum zitterte er immer noch?

Du zitterst doch auch, sagte er. *Du merkst selbst, dass du zitterst, oder?*

Ich betrachtete die zuckende Scherbe in meiner Hand und dachte, ja, ich zittere. Ich zittere auch.

∿∿∿∿∿

An dem Abend hatte ich frei, wie Mia. Wir waren zum Essen in der Personalkantine verabredet. Ich war müde von dem anstrengenden, zähen Tag. Mehr als ein Mal hatte ich mich vor dem Regal mit den Miniaturspirituosen wiedergefunden, mir aber jeden Gedanken daran verboten, wie viel leichter mir der Alltag in betrunkenem Zustand fallen würde.

Wir wollten uns in der Schlange treffen. Wer zuerst da war, würde sich anstellen. Aber als ich in die Kantine kam und die lange, gewundene Reihe aus vage bekannten Gesichtern sah, fühlte ich mich plötzlich wie jemand, der an einem Ufer steht und Angst hat, in die Stromschnellen zu springen.

Mia tauchte hinter mir auf und reihte sich ein. Alles an ihr war sehr klein, das Köpfchen, die Frisur, die kurzen, blassen Gliedmaßen. Mühelos glitt sie in die kleinsten Lücken hinein, sie brauchte nicht mal darum zu bitten, dass man ihr Platz machte. Vermutlich verzerrte es ihren Blick auf die Welt. Ich drängelte mich hinter sie. Die Frau in meinem Rücken wich mürrisch zurück, ich richtete mich auf. Ich wartete darauf, dass meine Atmung sich beruhigte. Mia drehte sich um und entdeckte mich.

Alles in Ordnung?, fragte sie erschöpft, als wäre ganz offensichtlich nichts in Ordnung, wie fast immer, was ja so absolut frustrierend war.

Ja, alles prima, sagte ich. *Ich bin ein bisschen müde, weil ich so früh aufgestanden bin.*

Warum?, fragte sie.

Ich war joggen.

Super, sagte sie. Dann verstand sie und verdrehte die Augen.

Wir näherten uns dem Buffet. Weißkohlspalten lagen nebeneinander aufgereiht wie weiche, durchscheinende Schildkrötenpanzer. Der rosa Kochschinken war zu winzigen Ärmeln aufgerollt. Ich sah silbrige, mit grobem Meersalz und Kräutern geschmückte Fische auf einer Platte; ihre weißen Augen starrten ins Nichts. Ganz kurz fragte ich mich, was das aufgewärmte Essen der vergangenen fünf Jahre in meinem Darm angerichtet hatte.

Ich nehme den Fisch, sagte ich. *Ezra meint, er wäre gut.*

Natürlich meint er das, sagte Mia. *Ezra liebt Salz.*

Ja, das stimmt. Wahrscheinlich muss er bald sterben.

Mia drehte sich zu mir um und richtete eine Edelstahlzange auf mich. *Sag so was nicht. Warum sagst du das?*

Die Schlange schob uns weiter, und ich versuchte, mich nicht zu schämen wie ein Kind. Wir ließen den Blick über die Servierplatten schweifen und machten uns ein Bild vom Angebot. Geräucherter Feta mit Mandeln. Fenchel mit Dill und Birnen. Quinoa mit Blütenpollen. Yorkshire Pudding und Markknochenbrühe. Die Gerichte klangen köstlich, doch alles schmeckte nach Natriumglutamat und war unter den Wärmelampen des Buffets entweder versengt oder unappetitlich verwelkt.

Du solltest die Brühe nehmen, sagte Mia. *Nimm auf jeden Fall was von der Brühe.*

Ich sah sie fragend an. *Aminosäuren*, sagte sie tonlos.

Als wir an der Reihe waren, nahm ich eine kleine Schale und füllte sie gehorsam mit Brühe. Ich nahm eine zweite für Mia, aber sie legte mir schnell eine Hand auf den Arm und schüttelte den Kopf.

Du solltest regelmäßig Knochenmark zu dir nehmen. Ich brauche das eigentlich nicht.

Ich belud mein Tablett mit Feta, etwas Kohl, einen Yorkshire Pudding. Mia entschied sich für einen riesigen Teller Rahmspinat.

Habe ich Lust drauf, sagte sie schulterzuckend.

Wir gingen in eine der hinteren Ecken, unser Stammplatz, und setzten uns einander gegenüber. Ich trank die Brühe. Im Hintergrund lief Musik, entweder The Police oder Prince. Ich wusste nicht mehr, wann ich zuletzt selbst ausgewählte Musik gehört hatte. Ich fragte mich, was ich auflegen würde, hätte ich die Wahl. The Police vielleicht. Oder Prince.

Du joggst?, fragte sie. *Gehört das zum Programm? Klingt nicht so, als würde es zum Programm gehören.*

Tut es auch nicht, sagte ich, *aber irgendwie schon. Ich möchte vorbereitet sein.*

Ich steckte einen Löffel in den Yorkshire Pudding. Er fühlte sich nicht an wie etwas Essbares, sondern wie Stoff. Als könnte man drin schlafen.

Ich glaube, ich wäre schon vorbereitet, sagte sie. *Also, wenn ich ins Programm aufgenommen würde, wäre ich top vorbereitet.*

Hast du dich beworben?, fragte ich.

Ich bin nicht ehrgeizig, konterte sie. *Alle behaupten immer, ich wäre ehrgeizig, aber das stimmt eigentlich nicht.*

Mia behauptete das gern von sich. Einmal hatte sie mir erzählt, die Leute würden ihren Wunsch, immer und überall die Beste zu sein, mit Ehrgeiz verwechseln. Aber im Grunde hatten die meisten Leute keine Ahnung von Ehrgeiz und was er bedeutet. Sie hingegen schon, und sie hatte keine Lust darauf. Sie saß mir kerzengerade gegenüber und löffelte manierlich den Spinat auf. Sie wirkte frisch und gesund, wie eine Frau auf einem Agenturbild, die ans Telefon geht. Wenn das kein Ehrgeiz ist, dachte ich, was dann?

Du hast dich also nicht beworben?

Natürlich habe ich mich beworben. Sie legte den Löffel hin. *Ich bewerbe mich immer.*

Ich sah mich in der Personalkantine um. Das Buffet bestand aus einer langgezogenen Theke mit Warmhalteplatten aus Metall, am hinteren Ende befand sich die kleine Getränkeausgabe. Da war noch mehr: ein Gong mit einem großen Sitzsack darunter. Ein japanischer Steingarten in einer Kiste, inklusive glatter Holzharke. Es gab einen Basketballkorb und mehrere Bälle. Einen kaputten Webstuhl.

Immer verstehen mich alle falsch, sagte Mia.

Sie stand auf, durchquerte die Kantine und kam mit einem Glas Wein und einem Fruchtsaftgetränk im Plastikbecher zurück. Sie stellte den Plastikbecher vor mich hin. Farbstoffe und Aromen.

Die Leute denken, ich wäre extrovertiert, weil ich so selbstbewusst auftrete und weil ich Lob und Anerkennung mag. Aber eigentlich bin ich ziemlich introvertiert.

Ich schaute zu, wie Mia am Wein nippte, und stellte mir das berauschende Gefühl vor, auf null zurückgesetzt zu werden. Ich hielt mir das Fruchtsaftgetränk an den Mund und benetzte meine Lippen mit Chemie und Zucker.

Und, wie war es?, fragte sie. *Die Zeremonie war heute morgen, oder?*

Es war komisch. Ich habe ein Mochi gegessen, und dann hat er gesagt, ich solle das Beste aus mir herausholen.

Und?

Und wir haben Tee getrunken, der geschmeckt hat wie Sojasauce.

Zum vierten oder fünften Mal an diesem Abend verdrehte Mia die Augen. *Wahrscheinlich nur für deinen plumpen westlichen Gaumen*, sagte sie. Sie schob den Spinatrest auf dem Teller hin und her, trank noch einen Schluck Wein. *Du weißt, dass das ein guter Rat ist. Du solltest dir alle seine Ratschläge aufschreiben.*

Mache ich schon, sagte ich.

Manchmal frage ich mich wirklich, wie ernst ihr eure Zukunft nehmt, sagte sie. *Du und Ezra. Ihr seid wie zwei wandelnde Wolken. Wahrscheinlich wäre es für uns alle besser gewesen, hätten sie mich genommen.*

Kann sein.

Du hast immer so ein Riesenglück, fuhr sie fort. *Diese Sache*

mit Keith beispielsweise. Das ist eine unglaubliche Chance, und dir fällt sie einfach in den Schoß.
Na ja, nicht ganz.
Mehr oder weniger, sagte Mia.
Sie fuhr mit der Löffelkante um den Tellerrand und schob die Spinatfetzen zusammen. *Möchtest du Basketball spielen?*
Wir trugen die Tabletts zur Geschirrabgabe, leerten die Teller und spülten sie unter kaltem Wasser. Wir füllten unsere Getränke auf und gingen zum Basketballkorb. Als wir direkt darunter standen, packte Mia mein Handgelenk.
Ich liebe dich, sagte sie. *Das weißt du doch, oder?*
Ich liebe dich auch, Mia, sagte ich. *Natürlich weiß ich das.*
Dann ist ja gut, sagte sie. *Ich habe mir nämlich überlegt, dass es besser wäre, wenn wir das öfter aussprechen würden. Wir sollten es jedes Mal aussprechen, wenn wir uns sehen.* Ich liebe dich. *Jetzt du.*
Okay, sagte ich. *Ich liebe dich.*
Gut, sagte sie, ohne zu blinzeln. *Gut gemacht.*
Ich nahm einen Basketball aus der Halterung und warf ihn auf den Korb, traf aber nicht mal den Rand. Der Ball rollte in unsere Richtung. Mia hob ihn auf, nahm den Korb ins Visier und warf. Der Ball fiel durch, fast ohne das Netz zu berühren. Sie wirkte weder überrascht noch stolz. Sie wirkte wie eine Person, der bestätigt wird, was sie ohnehin schon weiß.

∼∼∼∼∼

Ezras Kabine war größer als meine, kam einem wegen des fehlenden Fensters aber viel kleiner vor. Mia hatte von uns allen die größte Kabine, die sie jedoch mit drei anderen

Frauen teilen musste. Über keine davon hatte sie etwas Nettes zu sagen. Sie blieb trotzdem dort wohnen, und das, obwohl man ihr mehr als ein Mal eine Einzelkabine angeboten hatte.

Meine Kabine war die kleinste, aber das störte mich nicht. Sie hatte ein Fenster, ein winziges Bullauge, eine runde, unbegrenzte Aussicht aufs Meer, und wirkte deswegen immer kühl und weitläufig. Ich fühlte mich dort so sicher wie ein Tier in seinem Bau. Völlig anders als in der alten Wohnung, in der ich mit meinem Mann zusammengelebt hatte. Die Wohnung hatte sich über drei Etagen erstreckt und eher einem Haus geähnelt. Hohe Decken, Parkett, Küche mit Vorratskammer. Meine Kabine bestand aus nur zwei Räumen und fühlte sich deshalb sehr organisch an. Ich hatte ein Einzelbett mit eingebauter Schublade, einen schmalen weißen Kleiderschrank und einen kleinen Schreibtisch mit pilzförmiger Lampe. Das Bad war mit einem Chemieklo ausgestattet, direkt darüber hing der Duschkopf. Daneben gab es ein Waschbecken, seitlich darunter einen Ablauf. Von einer bestimmten Stelle aus konnte ich jede Kabinenwand berühren, ohne die Füße zu bewegen, und auch die Decke und den Boden.

Nur manchmal empfand ich dort eine klaustrophobische Enge. In diesen Momenten hatte ich schon versucht, das Bullauge zu öffnen, einmal mit einem Filzstift und einem Gummihammer und einmal mit einer Schneckengabel, die ich im Shop hatte mitgehen lassen. Ezra musste mir helfen. Ich hatte die Stiftspitze beziehungsweise die Gabelzinken in die Ritze zwischen Fenster und Wand geschoben, und Ezra schlug mit dem Hammer zu. Der Filzstift zersplitterte in meiner Hand, die Schneckengabel verbog, und der Hammer hinterließ eine Delle im Metallrahmen, der sich natürlich nicht öffnen ließ. Aber mir gefiel der Gedanke, es hätte anders kommen können.

Ich lebte seit drei Jahren in dieser Kabine und seit fünf auf der *WA*. Jedes Jahr wurden wir vor die Wahl gestellt, von Bord zu gehen oder an Bord zu bleiben. Wer sich für Landurlaub entschied, verlor seine Kabine, wer an Bord blieb, durfte sie für ein weiteres Jahr behalten. Ich wollte den Verlust meiner Kabine nicht riskieren. Außerdem hätte ich nicht gewusst, wohin.

Wenn ich plante, eine längere Zeit in meiner Kabine zu verbringen – und meistens plante ich nicht mehr als das –, stellte ich mir vor, ich könnte meine Optionen mit dem Bildbearbeitungsprogramm meines Tablets stutzen, und am Ende bliebe nur noch eine übrig. Realistischerweise bestanden diese Optionen in fernsehen, lesen, aus dem Bullauge starren oder schlafen. Ich fühlte mich wie ein Kind, das sich etwas aus einer sehr kleinen Spielzeugkiste aussuchen darf. Aber egal, was ich anfing, am Ende starrte ich meistens aus dem Bullauge.

Das Meer zu sehen, hatte ich absolut und gleichzeitig kein bisschen satt. Es war ebenso überraschend wie vertraut und körperlich so erfahrbar wie eine Krankheit oder ein Niesen. Es löschte das Bewusstsein auf eine ähnlich tröstliche Weise aus wie das weiße Rauschen der Londoner U-Bahn einen langen Arbeitstag. Besonders gern sah ich hinaus, wenn das Meer kabbelig war und die Wellen ihre schaumigen Tentakel an die Glasscheibe warfen. Das Schaukeln machte mir nichts aus. Im Gegenteil, ich mochte es, gewaltsam in den Schlaf gewiegt zu werden. Mein Körper bewegte sich hin und her wie ein Metronom, ich verlor jedes Zeitgefühl und merkte irgendwann, dass ich im Leben eine weitere Stunde vorgerückt war. Als könnte man eine Aufgabe von einer Liste streichen. Erledigt!

Eine weitere Sache, die ich beim Blick aufs Meer gleichbleibend angenehm fand, war das frische Gefühl, komplett und unbestreitbar trocken zu sein. Ich tastete mein Gesicht ab, um mich zu vergewissern. Die Kabinentemperatur hielt ich bewusst niedrig, um nicht zu schwitzen. Auch das Duschen hätte ich stark reduziert, doch leider war tägliches Duschen auf der *WA* Pflicht, wie so viele andere Pflegemaßnahmen. Ich musste mir die Haare kämmen und mir die Augenbrauen zupfen. Ich musste mich dezent und geschmackvoll schminken. Aber auf keinen Fall auffällig.

Auffällig war wohl nur, dass ich keine eigene Kleidung besaß. Man wurde zu einem bestimmten Dienst eingeteilt und bekam die zum Job passende Uniform ausgehändigt. Wenn ich nicht gerade arbeitete, trug ich den legeren *WA*-Trainingsanzug aus weichem Kapuzenpulli und Hose mit Gummibund, zum Schlafen Shorts und ein Hemd in Hellblau. Nur an Land verspürte ich das Bedürfnis nach eigener Kleidung, und normalerweise kaufte ich etwas im erstbesten Laden, das ich kurz vor meiner Rückkehr an Bord wieder entsorgte. Ich genoss es sehr, mich nicht mit Besitz zu belasten; meine Identität hatte sich von den materiellen Dingen losgemacht.

Vor der *WA* war mein Selbstbewusstsein so fragil gewesen, dass ich mich in einer Jeans ohne Gürtel oder in einem Shirt, das meine Arme unvorteilhaft betonte, ruhelos und fahrig gefühlt hatte. Nicht wie ein Mensch, sondern gleich wie mehrere, die sich in meiner Haut eine Schlacht lieferten. Ich hatte Stunden damit verbracht, Röcke und Blusen aufeinander abzustimmen und Unterziehshirts mit langem Arm zu finden. Ich hatte eine Extraschublade nur für Ohrringe und einen zusätzlichen Kleiderschrank nur für Mäntel. Es fühlte sich gut an, auf der *WA* zu sein, einfach in das Informationsschalterkostüm, die Catering-Tunika oder den Pflegerinnenkittel zu schlüpfen und sich in die Tagesstruktur fallen zu lassen. Manchmal irritierten der Anblick der Schiffspassagiere und die breite Farbpalette ihrer Kleidung meine Augen, als müsste ich mich nach einer gewissen Zeit im Dunkeln erneut ans Licht gewöhnen. Der Verzicht auf die eigene Garderobe war eine der großen Befreiungen auf der *WA* gewesen, eine von vielen.

Vor einer Schicht klingelte mein Wecker eine Stunde früher als nötig. Eine Freundin hat mir einmal erzählt, man komme morgens nur deshalb so schlecht aus dem Bett, weil sich über Nacht und während man schläft Staubpartikel auf den Körper legen. Wenn man aufwacht, ist man von einer dicken, schweren, unsichtbaren Schicht bedeckt. Ich musste oft daran denken, wenn ich morgens im Bett lag und versuchte, mich zum Aufstehen zu zwingen. Ich stellte mir die Staubpartikel wie eine erdrückende Daunendecke aus abgestorbenen Hautzellen und Seeluft vor, und es war schön zu wissen, warum mir alles so schwerfiel.

Sobald ich wach war, kochte ich mir einen Kaffee, wozu ich nicht einmal das Bett verlassen musste. Überhaupt konnte ich alles Mögliche tun, ohne das Bett zu verlassen. Ich musste nur den Arm ausstrecken, und schon konnte ich den kleinen Wasserkocher einschalten oder Instantkaffeepulver in die H-Milch rühren. Tags lehnte ich mich beim Kaffeetrinken zurück und sah das Meer. Nachts sah ich mein Spiegelbild. Schlieren aus Farbe und Licht zogen sich über das schwarze Fenster, an der Außenseite hingen kleine Salzwassertropfen. Ich mochte das rotwangige Gefühl kurz nach dem Aufwachen, wenn der Traum sich in den Wachzustand mischte und am taghellen Himmel der Mond dümpelte. Ich investierte ein Minimum an Zeit in die Körperpflege und duschte nur, weil ich dazu verpflichtet war. Ich kämmte und föhnte mir die Haare, und falls danach noch Zeit blieb, legte ich mich aufs Bett und versuchte, nicht versehentlich einzuschlafen. Ich stellte mir einen zweiten Wecker, damit ich wusste, wann ich meine Kabine verlassen musste.

Wir wurden zu verschieden langen Diensten eingeteilt. Einige dauerten nur ein paar Wochen, andere mehrere Jahre. Auf dem Schiff standen alle Jobs allen offen, alle außer jene, die *fundierte Fachkenntnisse* erforderten. Oberingenieur, Schiffsärztin oder Chefkoch beispielsweise. Vor meiner Zeit im Kundendienst hatte ich als IT-Administratorin gearbeitet. Davor als Umweltoffizierin und davor als Croupière. Davor war ich Vollmatrosin gewesen und noch früher Kellnerin in einer Cocktailbar. Noch früher Bibliothekarin und davor Porträtfotografin. Ich war für keinen der Jobs sonderlich qualifiziert, niemand hier war das, aber darauf kam es nicht an. Wir waren gut darin so zu tun als ob.

In einer Woche würde ich im Nagelstudio anfangen. Man erwartete von uns, dass wir uns während des laufenden Dienstes auf den nächsten vorbereiteten. Normalerweise geschah das während der Arbeitszeit. Wenn im Geschenkeshop nicht viel los war, lehnte ich mein Tablet an die Kasse und behielt sowohl den Laden als auch die Tutorials im Blick. Manchmal verzog ich mich unter dem Vorwand, aufräumen zu wollen, in eine Umkleidekabine und sah mir die Videos dort an.

Zu jedem Job gab es eine Schulung, die man sich aufs Tablet herunterladen konnte. Die Tablets mussten wir immer bei uns tragen, und die Schulungen bestanden aus einer Einführung, Schaubildern, einem FAQ und einer kurzen Videoanleitung. Es gab Kernmodule und andere, die freiwillig waren und eine Gelegenheit boten, sich mit dem neuen Job zu identifizieren. Die Zusatzmodule lohnten sich immer. Sie machten am meisten Spaß.

Wie zum Beispiel die Schnittblumenschulung, ein zweistündiges Modul über Temperaturen, Wasserqualitäten und die Frage, wie man Blumen in einer Vase anordnet und möglichst lange frisch hält. Am besten gedeihen Blumen in sauberem, warmem Wasser. In der Wärme zersetzen sich die Luftblasen, die sich möglicherweise an den Stielen gebildet haben, und in der Folge wird das Wasser effizienter aufgenommen. Außerdem lösen sich Zusatzstoffe schneller auf. Die Stiele werden idealerweise um zweieinhalb Zentimeter und in einem möglichst spitzen Winkel gekürzt, damit die Blume die Flüssigkeit großflächig aufnehmen kann.

Bevor die Blumen zu Sträußen gebunden werden, sollte man sie nach Menge ordnen. Hat man überwiegend Hortensien, verteilt man zuerst die auf die Vasen. Dann nimmt man sich die zweithäufigste Sorte vor und so weiter. Stellt man die Stiele über Kreuz, ergibt sich weiter oben ein Eindruck von besonderer Fülle. Um den Strauß frisch zu halten, kann man Zuckerwasser, Essigwasser oder einfach nur warmes Wasser angießen. Man entfernt die abgestorbenen oder welken Blütenblätter. Alle Sträuße sind gelegentlich zu besprühen.

Die Schulung war eine Mischung aus Anfängerbotanik und Inneneinrichtung. Danach war ich berechtigt, Blumen auf jedem beliebigen Schiffsdeck zu arrangieren. Blumengestecke zu Feierlichkeiten oder besonderen Anlässen fielen allerdings nicht darunter. Ich sagte mir, dass ich dieses Problem immer noch angehen konnte, wenn es sich stellte.

∼∼∼∼∼

Kurz nach meinem Eintritt ins Programm wurde ich zu einem weiteren Treffen mit Keith eingeladen. Auch dieses würde in seinem Büro stattfinden. Ich wurde gebeten, nicht in Uniform zu erscheinen, damit Keith sich ein genaueres Bild von dem *Rohmaterial machen konnte, mit dem er es zu tun hatte.* Ich borgte mir ein kleines Schwarzes und Kitten Heels von Mia. Ich fragte mich ganz kurz, wozu sie so etwas besaß, doch es war wohl nicht der richtige Moment für Fragen.

Am Morgen des Treffens setzte ich mich hin, betrachtete mein Gesicht im Spiegel und legte eine gedankliche Liste aller Probleme an, die dringend gelöst werden mussten. Wenn ich mich selbst sah, empfand ich oft eine starke Wut; nicht unbedingt Wut auf mein Gesicht, sondern eher einen abstrakten, ungerichteten Ärger, der sich nur zufälligerweise an meinem Gesicht entzündete. Doch als ich mich jetzt auf das Programm vorbereitete, fühlte ich nichts als eine gelassene Neugier. Ich versuchte, mich durch Keiths Augen zu sehen und mir an seiner Stelle ein Urteil zu bilden. Mein sehr schlichtes Make-up bestand aus zwei dünnen Eyelinerstrichen und etwas Lippenstift in Nude. Ich sah mich in der Kabine um und bemühte mich, alles durch seine Augen zu sehen: die in der Reihenfolge ihrer Anwendung geordneten Cremetiegel, die schmutzige Unterwäsche in der Ecke. Ich fragte mich, ob Keith – oder irgendwer sonst – jemals in einen Spiegel blickte und versuchte, sich durch meine Augen zu sehen.

Ich kam ein bisschen zu früh und musste mich wieder in den Wartebereich setzen. Wieder gab es einen Wasserkrug, diesmal mit welken Pfefferminzblättern am Boden. Die Mochi schmeckten nach Schokolade und hatten die Form kleiner Mäuse. Ich nahm ein Glas Wasser, lehnte die Mochi aber ab. Ich nippte bedächtig daran, damit ich, wenn Keith mich hereinrief, noch etwas übrig hätte. Er würde das halb volle Glas bemerken, dieses Zeichen meiner Selbstkontrolle, und mich für eine jener sympathischen Personen halten, die sich nicht gleich alles einverleiben, was ihnen in die Finger kommt. Ich drehte mich um und entdeckte ein paar bekannte Gesichter vom letzten Mal. Madeleine und Kai strengten sich an, weder mich noch einander anzusehen. Der Mann mit dem Muttermal kaute an seinen Fingernägeln. Ich dachte an Wartebereiche zurück, in denen ich früher gesessen hatte, an mein instinktives Misstrauen den anderen gegenüber. Wie mir zu Ohren gekommen war, hatte noch nie jemand das Programm bis zum Ende durchgezogen. Wahrscheinlich, weil nicht viele Leute dazu bereit sind, große Anteile ihrer selbst einem anderen Menschen oder einer fremden Sache auszuliefern.

Auf einmal merkte ich, dass mein Glas leer war, schlimmer noch, zwischen meinen Zähnen hatte sich ein Pfefferminzblättchen verfangen. Ich hatte nicht aufgepasst, aber ohne einen weiteren Schluck würde ich mir nicht den Mund spülen können. Ich stellte mir vor, wie Keith die Bürotür öffnete und zu sehen bekam, wie ich mir gierig Wasser nachschenkte. Sich zusammenzukrümmen wie ein äsendes Tier und die Minze mit den Fingernägeln herauszukratzen, war ausgeschlossen. Stattdessen versuchte ich, mich an den Gedanken zu gewöhnen, dass das Minzblatt an Ort und Stelle bleiben würde, wie ein lockerer Handgranatenstift, der aber immer noch halbwegs korrekt saß. Auf einmal war ich gar nicht mehr entspannt.

Am Ende öffnete Keith die Tür nicht selbst. Die Empfangsdame sagte mir, ich solle hineingehen. Du Idiotin, dachte ich. Ich hätte es wissen müssen, vom letzten Mal.

Als ich eintrat, saß Keith hinter seinem Schreibtisch und starrte in einen Laptop. Seine Finger flogen über die Tastatur. Er hob nicht den Kopf, bedeutete mir aber mit einem kleinen Gesichtszucken, ich solle Platz nehmen. Alles, was er tat, wirkte auf subtile Weise gekonnt, wie im BWL-Studium gelernt oder von einem persönlichen Mentor abgeschaut. Dass er so unfassbar erfolgreich war, wunderte mich gar nicht.

Ich legte die Hände in den Schoß und stellte mir vor, ich wäre ein Kind in einem präraffaelitischen Gemälde und neben mir säße ein kleiner weißer Hund. Ich wollte, dass er mich als die sah, die ich war oder zumindest sein könnte. Gefasst. Umgänglich. Voller Potenzial. Ich atmete kontrolliert und legte mir ein paar unverfängliche Kommentare zurecht, Bemerkungen über das Wetter usw., doch meine Gedanken wurden jäh unterbrochen, als er in einer dezidiert abschließenden Geste auf eine Taste hackte. Ich fragte mich, auf welche. Vermutlich das Ausrufezeichen. Vielleicht sollte auch ich meine Mails zukünftig mit einem Ausrufezeichen beenden. Es wirkte so energisch. Keith sah mich an.

Setz dich, sagte er.
Ich sitze schon, sagte ich.

Weil ich nicht wollte, dass er mich für herablassend hielt, rutschte ich in die Mitte der Sitzfläche. Ich zog das Kleid über meine Beine, so gut es ging, und bereute, mir ein Outfit von Mia geborgt zu haben; sie trug engere Sachen als ich, wofür ich ihr aber natürlich keinen Vorwurf machte. Ich schlug die Beine übereinander und hoffte, dass der Stoff nicht riss. Keith hatte die Hände flach auf die glänzende Holzplatte des Schreibtisches gelegt und beobachtete mich blinzelnd. Ich fragte mich, was er von mir – und den anderen – wollte. Ob ich ihm irgendwie beweisen konnte, dass ich seine Erwartungen erfüllen würde, wie ich die meisten Erwartungen erfüllte. Ich sah auf meine Oberschenkel in dem schwarzen Stoffschlauch hinunter. Mir war klar, dass ich wahrscheinlich hoffnungslos naiv wirkte.

Lass mich erklären, wie es funktioniert, sagte Keith. *Du wirst mir etwas erzählen. Etwas aus deinem Leben. Etwas, was dir passiert ist. Und ich werde zuhören.*

Ich sah zu ihm hinüber. *Was soll ich denn erzählen?*

Was immer du willst, sagte er. *Normalerweise gibt es ein vorgegebenes Thema, oder ich stelle eine Frage.*

Okay.

Fangen wir mit einer Erinnerung an. Kannst du mir von irgendeinem Vorfall erzählen, an den du dich erinnerst? Was hast du beispielsweise zuletzt gemacht, bevor du auf die WA *gekommen bist?*

Ich runzelte die Stirn und versuchte, mir mein Leben vor der *WA* ins Gedächtnis zu rufen. Da waren vage Gefühle, schwache körperliche Eindrücke, aber keine konkreten Ereignisse.

Oder etwas aus der Zeit davor, ergänzte Keith. *Irgendwas.*

Ich schloss die Augen und konzentrierte mich. Mein Verstand war wie ein Blatt Papier mit einer senkrechten Linie in der Mitte. Ich versuchte, etwas in der linken Spalte zu erkennen, während die rechte sich füllte wie von selbst. Mit Sachen, an die ich mich gar nicht erinnern wollte. Die zu vergessen mich große Mühe gekostet hatte. Ich richtete meine ganze Aufmerksamkeit auf die linke Spalte. Irgendwann fiel mir etwas ein, ein relativ unbedeutender Vorfall in unserer alten Wohnung. Auf einmal hatte ich ihn in beunruhigender Klarheit vor Augen und auch das Profil meines Ehemannes und die Farbe an der Wand. Aus irgendeinem Grund wurde mir, wann immer ich an das dunkle Meergrün jener Zimmer dachte, speiübel. Ich assoziierte es mit einer ungestimmten Geige oder der Stille nach einem langen Heulkrampf. Es war die Farbe der Erschöpfung und der Melancholie. Je länger ich daran dachte, desto spürbarer bewegte sich mein Darm, gerade so, als wollte er Widerspruch einlegen. Aber mein Verstand konnte einfach nicht aufhören, das Bild zu ergänzen: die Wanduhr, die wir auf dem Flohmarkt gekauft hatten, der Plattenspieler mit dem geöffneten Deckel. Ein Haufen Pixel rutschte in die Lücken, und ich wusste nicht, wie ich sie aufhalten sollte. Ich öffnete die Augen.

Ich habe was, sagte ich.

Wunderbar, sagte Keith. *Erzähl.*

Okay. Ich hatte mich mit meinem Mann gestritten. Wir saßen auf dem Sofa und sahen fern. Mein Mann blätterte in einem Buch, ich war am Handy. Ich las irgendeinen Artikel im Internet und schrieb nebenher mit einem Freund. Ich schrieb ihm, mein Mann und ich würden gerade eine schwere Zeit durchmachen, und ich wechselte immer zwischen dem Browser und der Messenger-App hin und her. Und da habe ich eine der Nachrichten über meinen

Mann versehentlich an meinen Mann geschickt. Die Nachricht lautete: Er nervt. Er ist wirklich ein Arsch. *Als ich auf senden drückte und das Handy meines Mannes vibrierte, wusste ich sofort, was los war. Er reagierte nicht. Er zeigte mir nur das Display. Und dann verschwand er im Badezimmer.*

Keith schloss die Augen, als müsste er meine Worte gründlich verdauen. Nach einer Weile öffnete er sie wieder und sah mich an. *Noch mal.*

Ich zögerte. Hatte ich etwas falsch gemacht? *Tut mir leid … Ich verstehe nicht ganz.*

Er lächelte geduldig und nachsichtig. *Manchmal werde ich dich während einer Sitzung bitten, dich zu wiederholen. Die Geschichte noch einmal zu erzählen.* Er legte die Handflächen aneinander, dachte nach. *Es geht darum, dich zu öffnen. Die Technik habe ich selbst entwickelt. Vielleicht erzählen wir die Geschichte auch zusammen. Manchmal werde ich dich bitten, die Augen zu schließen. Manchmal werde ich dich auffordern, mich anzusehen. Manchmal werde ich dir vorschlagen, beim Erzählen herumzugehen. Manchmal werde ich um dich herumgehen. Und manchmal, Ingrid, werden wir umeinander herumgehen.* Er deutete mit einer Geste an, dass er die Liste noch beliebig lange fortführen konnte.

Also, sagte er, *erzähl mir noch einmal von deinem Mann und der Nachricht. Du solltest ganz von vorn anfangen. Und versuch diesmal, ein paar Details einzubauen. Dich an mehr zu erinnern.*

Ich schloss erneut die Augen. Ich stellte mir die Szene vor.

Ich hatte mich mit meinem Mann gestritten, sagte ich. *Wir stritten schon seit Monaten. Wir saßen im Wohnzimmer auf dem Sofa. Das Wohnzimmer war komplett grün. Sogar die Vorhänge waren grün. Und das Sofa. Mein Mann las ein Buch. Ich war am Handy. Ich schrieb mit meinem Freund Ethan und las nebenbei irgendwas im Internet. Einen Artikel über die Erderwärmung, glaube ich. Ich schrieb meinem Freund, mein Mann und ich würden gerade eine schwere Zeit durchmachen, wobei ich zwischen dem Browser und der Messenger-App hin und her wechselte. Von dem Hin und Her bekam ich Kopfschmerzen, aber zu der Zeit hatte ich ständig Kopfschmerzen, also war es egal. Ethan fragte, wie es bei uns laufe. Ich überlegte, was ich antworten sollte, und las nebenher den Artikel über die Erderwärmung, und als ich mit Überlegen fertig war, bin ich dann wohl im Chatverlauf von mir und meinem Mann gelandet. Und so habe ich die Nachricht meinem Mann geschickt. Die Nachricht lautete:* Er nervt. Er treibt mich in den Wahnsinn. *Sobald ich auf senden gedrückt hatte, vibrierte das Handy meines Mannes, und da wusste ich, was ich getan hatte. Er verzog keine Miene, aber er zeigte mir das Display. Dann stand er auf, ging ins Bad und machte die Tür hinter sich zu.*

Noch mal, sagte Keith. Seine Augen blieben offen. *Und noch ein bisschen ausführlicher, bitte.*

Ich fragte mich, ob ich die Übung langweilig oder schmerzhaft finden sollte, aber dann merkte ich, dass sie eigentlich recht kathartisch wirkte. Es fühlte sich an wie beim Chanting, wenn man ein Wort so oft wiederholt, bis es seine Bedeutung verliert. Ich fing noch einmal von vorn an.

Ich hatte mich mit meinem Mann gestritten, sagte ich. *Und wir stritten schon seit Monaten. Ich weiß nicht mehr, wie es dazu gekommen war. Wir konnten einander nicht mehr ertragen. Wir saßen in unserem scheißgrünen Wohnzimmer auf dem Sofa. Alles war grün. Mein Mann las ein Buch darüber, wie er ein effektiverer Manager werden könnte. Ich schrieb mit meinem Freund*

Ethan, mit dem ich auch vögelte. Nebenher las ich irgendwas über die Erderwärmung im Internet. Es ging um Getreide. Wie die Bodentemperatur es den Bauern schwerer macht, bestimmte Getreidesorten anzubauen. Dass sich in China manche Sorten fast gar nicht mehr anbauen lassen. Reis, Weizen, Mais.

Ich wechselte zwischen der Messenger-App und dem Browser hin und her. Von dem Hin und Her bekam ich Kopfschmerzen, aber damals hatte ich immer Kopfschmerzen, also habe ich es kaum gemerkt. Ethan hatte gefragt, wie es zu Hause so laufe. Ich überlegte, was ich ihm antworten sollte, ich musste erst mal nachdenken, denn im Grunde war er der einzige Mensch, mit dem ich offen reden konnte, gleichzeitig wusste ich natürlich, dass es nicht gerade die feine Art ist, den eigenen Mann bei einem Freund schlechtzumachen, mit dem man zudem noch vögelt. Außerdem wollte ich, dass er mich weiterhin mochte. Ich wollte, dass er mich auch weiterhin vögelte.

Ich starrte auf den Artikel über die Erderwärmung, aber ich dachte nur an meine Antwort. Als ich wusste, was ich schreiben würde, öffnete ich die Messenger-App, doch statt auf den Chat mit Ethan zu tippen, tippte ich auf den mit meinem Mann. Ich beantwortete Ethans Frage, und meine Antwort lautete: Ich hasse ihn. *Ich drückte auf senden und wusste, dass die Nachricht an meinen Mann gehen würde. Ich wusste es, noch bevor sein Handy vibrierte. Irgendwie hatte mein Hirn die letzte Nachricht im Verlauf gelesen, und da stand:* Hühnchen oder Lamm? *Er reagierte nicht. Er zeigte mir einfach nur das Display. Und dann verschwand er für eine Stunde im Bad.*

Während ich sprach, hielt Keith die Augen geschlossen, und ich war dankbar dafür. Nicht, weil ich keinen Zeugen gewollt hätte, sondern weil ich in Gesellschaft anderer auch gern mal die Augen zumachte. Einfach nur, um alles auszublenden und meine Gedanken zur Ruhe kommen zu lassen. Er nickte, öffnete wieder die Augen.

Danke, sagte er. *Das muss dir sehr schwergefallen sein.*

Ich warf einen Blick aus dem Fenster. Der Himmel war klar, das Meer glatt. Bloß zwei blaue Streifen, einer heller als der andere. Im rechteckigen Rahmen des Fensters sahen sie aus wie eine Nationalflagge.

Eine schöne Aussicht, nicht wahr?, fragte Keith.

Ich nickte.

Ich habe da eine Idee, sagte er. *Da ist noch etwas.*

Er stand auf, ging zu einem Sideboard, kramte darin herum und kam mit einem Briefbeschwerer zurück. Ich erkannte den Gegenstand von unserer ersten Unterhaltung wieder. Es war Jahre her.

Eine symbolische Geste, sagte er und überreichte ihn mir. *Unsere Reise kann beginnen.*

Natürlich, sagte ich und nahm die schlichte, unauffällige Metallkugel entgegen wie ein Geschenk. Ich würde sie auf meinen Schreibtisch legen.

Okay. Wo ist dein Tablet? Zeig es mir, bitte.

Ich beugte mich hinunter. Das schlanke Rechteck aus Glas und Metall lehnte am Stuhlbein.

Wie haben wir das früher nur gemacht?, fragte er mit einem gütigen Lächeln. *Ich wette, du hast dein ganzes Leben auf diesem Gerät. Die Technik erleichtert uns den Alltag ja so sehr. Es gibt Algorithmen, die das Wetter vorhersagen können. Andere können einen epileptischen Anfall vorhersagen.* Er hielt inne. *Und jetzt nimmst du bitte den Briefbeschwerer und zerbrichst das Display.*

Wie bitte?

Ich möchte, dass du das Display deines Tablets zerschlägst. Um dem ein Zeichen zu setzen, was wir heute hier geschafft haben. Die Japaner haben ein Wort für die Schönheit der zerbrochenen Dinge. Wetten, du wusstest das nicht?

Ich hielt den Briefbeschwerer in der Hand und stellte mir vor, ihn auf das Display zu schlagen und das makellose Glas zu zerbrechen. Das Tablet gehörte nicht mir, sondern der *WA*, aber irgendwie wollte ich es beschützen. Wir hatten so viel zusammen durchgemacht. Ich sog die Lippen zwischen die Schneidezähne und fragte mich, ob ich dazu fähig wäre. Alles, sagte ich mir, kommt aus dem Nichts oder verschwindet im Nichts. Außerdem hatte ich ohnehin Anspruch auf ein neueres Gerät.

Es ist okay, sagte Keith.

Ich hob die Hand und schlug den Briefbeschwerer auf den unteren Bildschirmrand. Ein diagonaler Riss schoss von einer Ecke zur anderen. Der Aufschlagspunkt war ein Trümmerloch, von dem ein gitterartiges Muster ausging wie bei einem Spinnennetz. Ich legte beide Gegenstände vor mich auf den Schreibtisch. Ich fühlte mich atemlos und aufgekratzt. Keith nahm das Tablet in die Hand, und winzige, aschegleiche Scherben rieselten auf die Schreibtischplatte. Er berührte das Display. Es leuchtete prompt auf, das Licht verteilte sich in den Rissen wie Blut.

Siehst du!, sagte er. *Es funktioniert noch.*

Er gab es mir zurück.

Bekomme ich ein neues?, fragte ich begeistert.

Oh, nein, sagte er.

Oh.

Ich klemmte mir das kaputte Gerät unter den Arm. Es verfing sich am Stoff von Mias Kleid. Anscheinend war es Zeit zu gehen.

Ach, und Ingrid, sagte Keith, als ich aufstand. *Du hast da was zwischen den Zähnen.*

~~~~~

Am selben Abend ging auf meinem zertrümmerten Tablet eine Nachricht ein. In der darauffolgenden Woche durfte ich für vierundzwanzig Stunden an Land. Ich hatte das Schiff seit acht Monaten nicht mehr verlassen. Die Nachricht kam, als ich schon im Bett lag. Sofort schrieb ich Mia und fragte, ob sie ebenfalls Landurlaub bekommen habe. Nein, hatte sie nicht. Ich schrieb Ezra und fragte, ob er Landurlaub bekommen habe. Nein. Da war niemand, dem ich sonst noch hätte schreiben können. Ich schloss die Augen und wartete, bis der Gedanke im Ozeanrauschen unterging.

Als ich die Augen wieder öffnete, wusste ich nicht, wie spät es war. Draußen war es dunkel, was mir furchtbare Angst machte. Ich schwang die Beine aus dem Bett und schaltete die Deckenleuchte ein, und dann noch die kleine Leuchte an der Wand. Ich legte mich wieder hin, aber es war mir immer noch nicht hell genug, also stand ich auf, schaltete das Badlicht ein und klemmte den Stuhl in die Tür. Ich stellte das Tablet auf höchste Helligkeit und lehnte das gleißend weiße Rechteck gegen das Kissen. Es erinnerte mich an die Tageslichtlampe, die ich einmal geschenkt bekommen hatte. Morgens hatte ich meinen Kaffee vor dem leeren Robotergesicht getrunken. Das Tablet war anscheinend noch effektiver. Zwar konnte es meinen Dopaminspiegel nicht erhöhen, der leider unveränderlich war, aber dennoch erzeugte es eine tröstliche, wohlige Atmosphäre. Ich legte mich daneben und strich sacht darüber, damit es nicht ausging. Das kühle Glas an den

Fingerspitzen war beruhigend, die Bewegung ähnlich wie beim Weben. Nach einer Weile wurde ich müde, nur meine Finger streichelten weiter den Bildschirm. Ich erwachte in einem lichtdurchfluteten Raum.

〜〜〜〜〜

Ein paar Tage später traf mein Maniküreset ein. In einer weißen Box mit Clipverschluss fand ich Nagellack in vielen verschiedenen Farben, einen klaren Überlack sowie Nagellackentferner. In einem kleinen Etui mit Reißverschluss steckten ein Nagelklipser, ein Hautschieber, eine elektrische Polierfeile mit Zubehör und eine Nagelbürste. Es gab auch eine künstliche Hand aus Gummi und einen Satz Acrylnägel. Als ich im Schneidersitz auf dem Bett kauerte und alles vor mir ausbreitete, ergriff mich ein leichter Schwindel. Ich suchte nach Modulen auf meinem Tablet, nicht ganz einfach, weil ein Teil des Displays ausgefallen war. Ich fand zwei Pflichtmodule und zehn freiwillige. Ich begann mit der Einführung in die Maniküre.

In dem Video saß eine Frau in einem schwarzen Hosenanzug an einem Metalltisch. Vor ihr lag eine körperlose Hand, der dazugehörige Arm endete am Bildrand. Einige der Instrumente auf dem Tisch entsprachen denen in meinem Set. Es war, als sähe ich eine Werbung für ein Weihnachtsgeschenk, von dem ich wusste, dass ich es bekommen würde.

Die Frau eröffnete ihren Vortrag mit einem wichtigen Hygienehinweis. Sie demonstrierte, wie man einen Wattebausch mit Desinfektionsmittel tränkt und in sanften Bewegungen von der Handwurzel bis zu den Fingerspitzen streicht, bis die ganze Hand gereinigt ist. Sie schlug mir vor, den Vorgang trocken an der Gummihand zu üben. Watte und Desinfektionsmittel waren nicht im Set enthalten. Ich gehorchte und strich, erst über die Außenseite und dann ein bisschen sanfter über die Innenfläche.

Nach der hygienischen Vorbereitung wurden die Nägel in Form gebracht und die Nagelhaut entfernt. Ich übte an meiner linken Hand, feilte die Nägel zu einem gepflegten Oval mit angedeuteten Ecken und polierte sie anschließend auf Hochglanz. Die Nagelhaut löste sich in trockenen grauen Spänen. Im Vergleich zur linken sah meine rechte Hand jetzt schlaff und müde aus. Am besten gefiel mir der Teil mit dem Lackieren, wenn der Pinsel über den Nagel gezogen wurde und die feuchtglänzende Deckkraft der Farbe sich entfaltete. Ich spürte, wie die ganze Welt erst auf meine Hand zusammenschnurrte, dann auf meinen Finger und zuletzt auf meinen Nagel. Ich atmete flach und unregelmäßig. Als ich fertig war, fotografierte ich meine Hand und schickte sie Mia.

Ich räumte alles wieder ein und stellte die weiße Plastikbox auf den Schreibtisch. Statt nach abgestandener Luft und Stagnation roch die Kabine jetzt nach Eitelkeit und Chemikalien. Ich setzte mich auf den Boden. Der Raum fühlte sich klein und leer an, es gab nichts mehr zu tun. Auf einmal wünschte ich mir, Ezra wäre da. Ich dachte an seinen weichen Bauchansatz und stellte mir vor, die Arme darumzuschlingen. Ich wollte ihn an mich drücken, ihn auf meinen Rücken nehmen und mir seine Arme über die Schultern legen wie die Gurte eines Rucksacks. Wäre doch schön, dachte ich, so umklammert durchs Leben zu gehen.

Ich sah an mir hinunter. Ich musste mich dringend waschen. Widerwillig zog ich mich bis auf die Unterwäsche aus.

Weil ich den Gedanken völliger Nacktheit nicht ertragen konnte, ließ ich sie beim Duschen einfach an. Als ich fertig war, drehte ich das Wasser ab und trat einen Schritt vor. Nur mit Mühe konnte ich mich dazu bringen, nach dem Handtuch zu greifen, obwohl es direkt vor meiner Nase hing. Ich wickelte mich stramm ein, bevor ich mich aus dem BH schälte und den Slip zu Boden klatschen ließ. Ich föhnte mir Haut und Haare, bis ich mich restlos trocken fühlte.

Ich durchsuchte den Schrank nach etwas Essbarem, wurde aber nicht fündig. Draußen vor dem Bullauge war kein Land zu sehen, aber ich wusste, das würde sich bis zum Morgen ändern. Ich zog das Rollo herunter und knipste das Licht aus.

LAND

Ich verließ das Schiff über die kleine Personalgangway. Ein paar andere Crewmitglieder hatten ebenfalls frei, alle wirkten blass und müde, trugen den *WA*-Trainingsanzug und blinzelten in die Sonne. Mit einigen hatte ich früher schon einmal zusammengearbeitet, aber die meisten kannte ich nicht. Es herrschte stillschweigendes Einvernehmen darüber, dass ein Landurlaub dann am schönsten war, wenn man ihn allein genießen konnte, und so trennten sich unsere Wege, sobald wir von der Gangway herunter waren.

Ich betrat festen Boden, hatte aber den Eindruck, auf Wasser zu laufen. Der Untergrund war natürlich nicht geschmeidig wie eine Flüssigkeit, sondern hart, platt und unnachgiebig, dennoch fühlte er sich irgendwie weniger fest an als das Meer. Ich blieb stehen und wartete darauf, dass mein Körper sich fing. Ich wusste, das Gefühl, auf hoher See zu sein, würde in absehbarer Zeit nicht nachlassen, aber ich wartete trotzdem. Ich drehte mich nicht zur *WA* um, glaubte jedoch, ihre riesige Masse in meinem Rücken zu spüren. Es war, als läge ich neben einem schweren Körper, dem ich über die Matratze entgegenrolle.

In diesem Teil Spaniens war ich noch nie gewesen, aber

die Hitze fühlte sich vertraut an. Das Hafenbecken war gesäumt von Straßenhändlern mit Snacks und Getränken und von provisorischen Buden aus Zeltplanen, wo man billige Souvenirs und gefälschte Designergürtel kaufen konnte. Vor mir ging eine Frau mit rosa Mützenschirm. Ihr T-Shirt war mit einer schlafenden Comic-Katze und dem Ausruf *Nope!* bedruckt, sie schleppte eine Kühlbox mit Wassereis und Softdrinks. Ich rief, sie drehte sich um und kam auf mich zu.

Ich holte etwas Kleingeld in der falschen Währung aus der Tasche und bezahlte viel zu viel für ein Getränk. Die Frau musterte die Münzen aus Silber und Kupfer, drückte mir eine Dose Fanta in die Hand und ging kopfschüttelnd weiter. Ich ließ den Verschluss knacken, spürte den Druck entweichen. Die Kohlensäure kitzelte in der Kehle, ganz kurz bekam ich keine Luft mehr.

Ich lief weiter, bis ich mich zwischen weißen Häusern wiederfand und das Meer weder zu riechen noch zu hören war. In einer engen Straße blieb ich stehen. Ich schwitzte in meinem Trainingsanzug. Als ich mich wieder in Bewegung setzte, berührte der Flanellstoff bei jedem Schritt meine Haut und blieb am Schweiß kleben. Da entdeckte ich einen kleinen Laden mit einer Auslage aus Korbtaschen, Strohhüten und neumodischen Schnorchelsets. Aus der Tür schlug mir klimatisierte Luft entgegen. Ich trat ein und ging zu den Klamotten im hinteren Teil durch.

Ich hatte keine große Auswahl. Es gab Jeansshorts mit ausgefranstem Saum, mit Ankern bestickte T-Shirts, Badeanzüge und Bikinis. An der Wand hingen Kleider, alle aus weißem Leinen und knöchellang. Ich wählte eins mit Spaghettiträgern und gesmokter Brustpartie und nahm es mit in die Umkleide. In dem Kleid wirkten meine Schultern schmaler und meine Haut gebräunter. Auf dem Boden lag ein schwarzes Haargummi. Ich warf den Kopf nach vorn und band mir einen hohen Pferdeschwanz, und als ich mich vor dem Spiegel wieder aufrichtete, sah ich aus wie ein anderer Mensch. Wie eine ungeschminkte Frau in einem weißen Kleid mit streng zurückfrisiertem Haar. Ich lächelte probehalber. Ich verließ die Umkleide und wählte zu dem Kleid eine Strohtasche, flach und rund und so groß wie ein Fahrradreifen, und dazu eine riesige Schildpattsonnenbrille. Ich bezahlte alles an der Kasse. Draußen stopfte ich den Trainingsanzug, das Kleingeld und meine Kreditkarte in die Tasche und setzte mir die Sonnenbrille auf. Ich konnte förmlich spüren, wie der Schweiß auf meiner Haut verdampfte.

Ich ging ziellos weiter und kam an Häusern in minimal unterschiedlichen Schattierungen von Senf, Apricot oder Kupfer vorbei. Hoch oben überrankten Telefonleitungen und Stromkabel die Straße, von einigen baumelten Papierlaternen und Sonnenschirme. Die Luft roch salzig, aber nicht nach Meer, sondern nach Knochen oder Haut. Aus einer Bar in der Nähe kam Musik. Musik!, dachte ich. Ich mag Musik.

Es war zehn Uhr morgens, aber in der Bar war es angenehm dunkel. Auf Holzregalen sah ich getöpferte Aschenbecher und Bronzeikonen von mir unbekannten Heiligen. Hinter dem Tresen hing ein ganzer Schinken von der Decke. Ich setzte mich an einen Tisch am Eingang und schlug die Zeitung auf, die jemand dort vergessen hatte. Weil ich das Geschriebene nicht lesen konnte, konzentrierte ich mich auf die Fotos. Nach einigen Minuten tauchte ein Mann auf.

Ich bestellte Kaffee, ein Frühstück und einen kleinen

Wermut. Der Mann ordnete sein Gesicht zu einer neutralen Miene an und fragte, welche Art Frühstück es denn sein solle. *Egal*, sagte ich. Bevor er wieder ging, bat ich ihn, die Musik ein bisschen lauter zu stellen. Er verdrehte die Augen, was wohl bedeutete, dass er die Idee ganz hervorragend fand. Minuten später schallte Tanzmusik vergangener Jahrzehnte durch den Gastraum. Ich schloss die Augen und achtete auf den Text. Es ging um Geld und Liebe. Ich versuchte, noch konzentrierter zu horchen. Auf die Instrumentierung, das seltsame Arrangement, eine Trompete, eine erratische Snare.

Als ich die Augen wieder öffnete, standen die Getränke vor mir. Ich kippte den Wermut, rührte Milch und Zucker in den Kaffee und trank. Der Mann brachte mir das Frühstück, Rührei mit Bratkartoffeln. Mit zwei Fingern formte ich ein V und zeigte auf das Wermutglas und die Kaffeetasse, noch einmal das Gleiche, bitte. Er nickte knapp und verschwand wieder. Ich bestreute die Eier mit Salz und Pfeffer und mischte sie unter die Kartoffeln. Nach einer Weile merkte ich, dass ich im Takt kaute. Der Kaffee und der Wermut wurden gebracht, aber ich trank sie erst, nachdem ich alles aufgegessen hatte. Als ich fertig war, bezahlte ich am Tresen und ging.

Auf der Straße war mehr los als eben noch. Die Leute bewegten sich demonstrativ träge, als wären sie sich ihres Privilegs bewusst, kein bestimmtes Ziel zu haben. Ich entdeckte eine Gruppe von Touristen, Passagiere von der *WA* vielleicht, und beschloss, ihnen zu folgen. Wahrscheinlich wussten sie besser als ich, wo wir waren und was es hier zu sehen gab.

Ich trödelte in einigem Abstand hinterher, duckte mich in die Läden, vor denen sie stehen blieben, und beäugte alle architektonischen Details, die ihr Interesse erregten. Die Gruppe bestand aus drei Männern und drei Frauen. Die Männer trugen eine Uniform mit Cargoshorts oder weiter Stoffhose, die Frauen Sommerkleider in Pastellfarben. Anscheinend sprachen sie Deutsch. Ihre Haut wirkte rosa und gereizt, und ich empfand ein undefinierbares Gefühl irgendwo zwischen Sympathie und Verachtung.

Wir durchquerten eine Gasse und kamen auf einem großen Platz heraus. In der Mitte stand ein Brunnen, und ich war erleichtert, eine Sehenswürdigkeit gefunden zu haben und den Leuten nicht mehr folgen zu müssen. Ich ließ sie vor einem Buntglasfenster zurück, wo sie sich gegenseitig fotografierten, lief einmal um den Platz herum und näherte mich dann dem Brunnen. Ich streifte meine Turnschuhe ab und hielt die Füße ins flache Wasser. Die Turnschuhe hatten rote narbenähnliche Abdrücke auf meiner Haut hinterlassen. Unter Wasser schien sie aufzuquellen.

Ich drehte den Kopf hierhin und dorthin, sah mich um und entdeckte ein hellgraues, von bunten Flaggen flankiertes Gebäude, wahrscheinlich ein Kunstmuseum. Das wäre doch ein absolut normales Vorhaben. Ich stieg aus dem Brunnen, nahm meine Schuhe in die Hand und ging hinüber, wobei ich eine Spur aus abflauenden Fußabdrücken hinterließ.

Ich zog mir die Schuhe wieder an, ging hinein und löste ein Ticket. Nach zehn Minuten merkte ich, dass ich nur deswegen so schlecht sehen konnte, weil ich immer noch die Sonnenbrille trug. Ich schob sie mir ins Haar und fühlte mich sofort wie eine sehr reiche Schauspielerin. Das Museum war auf aggressive Weise modern. Es gab dort blaue Plastiksulpturen, die an gekräuselte Bänder erinnerten, und scheinbar aus der Wand gehauene Marmorgesichter. In einem riesigen weißen Saal wuchs ein Baum direkt aus dem Boden. Ich blieb vor jeder Texttafel stehen, konnte mich aber nicht überwinden, sie zu lesen. Den Lageplan fand ich eher verwirrend. Ich besuchte eine kleine Ausstellung mit Schwarz-Weiß-Fotografien, die mir vage bekannt vorkamen; ich hatte diese Szenen schon einmal gesehen, oder vielleicht hatte ich davon geträumt oder sie persönlich erlebt. Auf einmal wirkte das alles wie eine Verschwörung. Ich beschloss zu gehen, allerdings nicht ohne einen Abstecher in den Geschenkeshop.

Der Shop war herrlich und hatte x-mal mehr Energie als der Saal mit dem Baum, die Fotoausstellung oder die sterile, gestelzte Architektur. Es gab dort Bücher über Aktzeichnen, Jutebeutel mit Museumslogo und Radiergummis, die wie monochrome Farbpaletten gestaltet waren. Ich kaufte einen Kissenbezug mit der *Geburt der Venus* und ein Buch über David Hockney. Danach war ich außer Atem, überreizt und durstig. Ich überquerte den Platz und wählte ein Restaurant mit sauberen Tischen unter einer niedrigen Segeltuchmarkise.

Sobald ich saß, stand eine Kellnerin vor mir. Sie fragte, ob ich etwas essen wolle, und ich log ganz instinktiv und bejahte. Ich bestellte ein großes Bier, hakte den Fuß um das Bein eines unbesetzten Stuhls am Nachbartisch, zog ihn heran und legte die Füße darauf. Ich trank das Bier und tat nicht einmal so, als läse ich die Karte, und wenn die Kellnerin sich näherte, rief ich: *Ich überlege noch!* Als ich das Bier ausgetrunken hatte, bestellte ich ein zweites, und dann noch eins.

Am Tisch vor mir teilte sich eine vierköpfige Familie eine Paella, und ich starrte die Frau / Mutter an. Ich starrte auf möglichst feindselige Weise. Sie berührte das Handgelenk ihres Mannes und flüsterte ihm etwas ins Ohr, woraufhin er sich zu mir umdrehte. Ich, eine ungeschminkte Frau in einem weißen Kleid, strahlte ihn an. Er sagte etwas zu ihr, etwas Vernünftiges. Sie wirkte ernüchtert und verletzt, er sah noch einmal in meine Richtung und lächelte entschuldigend. Ich hob die Hand, wie um zu signalisieren, dass ich Verständnis hatte, seine Frau war nun mal hysterisch, aber sobald er den Blick abgewandt hatte, starrte ich wieder sie an. Diesmal wandte sie sich nicht an ihn. Die Kinder hatten sich nicht einmal umgedreht.

Als die Kellnerin an mir vorbeiging, hielt ich sie am Arm fest und bestellte die Rechnung. Sie fragte so etwas wie: *Dann wollen Sie gar nichts essen?*, aber ich ignorierte sie. Ich zahlte, stand auf, schwankte ganz leicht und musste mich an der Tischkante festhalten. Die Kellnerin und die Ehefrau beobachteten mich mit unverhohlenem Entsetzen. Glotzt nur, dachte ich, im Kampf würde ich euch umbringen, ich würde euch alle Glieder ausreißen. Dann ging ich los. Ich setzte einen Fuß vor den anderen.

Meine Schläfen pochten, mir war übel. Ich ging weiter. Irgendwann stand ich auf einem anderen Platz, ohne Brunnen, aber dafür mit einem Denkmal in der Mitte, eins von denen mit Treppenstufen drumherum. Auch gut. Ich setzte mich, beobachtete eine Weile die Leute und dachte über das furchtbare Elend nach, von Fremden umgeben zu sein. Bevor ich auf die *WA* gekommen war, hatte ich in Momenten besonderer Orientierungslosigkeit nach Mülleimern Ausschau gehalten – Mülleimer an Bushaltestellen, Mülleimer in Fußgängerzonen, ganz gewöhnliche, öffentliche Mülleimer. Ich hatte mich danebengestellt und vom säuerlichen Gestank beruhigen lassen. Nun sah ich mich um in der Hoffnung auf einen Mülleimer, auf irgendetwas, das ganz unbestreitbar ein kleines bisschen schlimmer war als ich, aber ich konnte nichts entdecken.

Ein Mann in meinem Alter setzte sich neben mich, zog eine Art Tagebuch und einen Stift aus seinem Rucksack und fing an zu schreiben. Er war attraktiv und durchtrainiert. Ich rutschte dichter an ihn heran, und als ich nah genug war, nahm ich ihm das Notizbuch und den Stift aus der Hand, schlug die letzte Seite auf und schrieb: *Ich würde gern mit dir ficken.* Ich legte das Notizbuch zwischen uns auf den warmen Stein, schob es in seine Richtung und nahm eine möglichst verführerische Haltung ein. Er nahm das Buch und las meine Nachricht, aber im selben Moment löste sich der Pferdeschwanz und meine Haare fielen mir ins Gesicht. Ich lehnte mich vor und senkte den Kopf, um sie wieder hochzubinden, musste aber kurz innehalten, um mich nicht zu übergeben. Ich richtete mich langsam wieder auf und spürte das Blut in meinen Wangen. Als ich mich zur Seite drehte, um seine Reaktion zu sehen, war er schon aufgestanden und gegangen. Der Rucksack verschwand in der Menge. Ganz kurz spielte ich mit dem Gedanken, ihm nachzulaufen und ihn anzuflehen, aber irgendwie hatte ich eine Ahnung, dass er nicht der Typ Mann war, bei dem so etwas funktionierte.

Stattdessen lehnte ich mich auf der Steintreppe zurück, streckte die Beine aus und belauschte die wechselnden Gespräche um mich herum. Je länger ich dort lag, desto betrunkener fühlte ich mich. Ich legte mir eine Hand auf den Bauch und konzentrierte mich darauf, ihn auszustrecken und wieder einzuziehen. Ich fragte mich, wie es Mia und Ezra wohl ging, was sie jetzt in diesem Moment taten und ob sie an mich dachten.

Irgendwann musste ich eingedöst sein, denn ich wurde abrupt geweckt, als sich jemand neben mich setzte. Ich drehte mich auf die Seite und hoffte auf den Mann mit dem Rucksack, aber eine um die Treppenkante geklammerte Frauenhand füllte mein ganzes Blickfeld aus. Einer der Finger war verbunden, die anderen sahen schlimm gequetscht aus. Ich setzte mich mühsam auf und merkte, dass mein Kleid jetzt schon verdreckt war.

Hey, sagte ich.

Hallo, antwortete sie mit spanischem Akzent.

Können Sie mich verstehen?, fragte ich.

Ein bisschen.

Wie ist das passiert? Ich zeigte auf ihren Finger.

Mein Sohn, sagte sie. *Mein Sohn hat sie in der Tür eingeklemmt.*

Was?, rief ich schockiert.

Nein, nein, sagte sie. *Nein, es war nicht seine Schuld. Ich habe ihn und seine Schwester angeschrien, weil sie leiser sein sollten. Sie sind kreischend um mich rumgerannt. Wie Kinder eben sind. Sie sind nach nebenan gerannt, und ich gehe hinterher und lege die Hand an den Türrahmen. Etwa so.*

Sie zeigte mir, wie sie die Finger an den Türrahmen gelegt hatte.

Und dann hat er die Tür zugeschlagen, um seine Schwester auszusperren, erklärte sie. *Und sie bricht meinen Finger.*

Hat es wehgetan?, fragte ich.

Ja, sagte sie. *Natürlich hat es wehgetan. Es hat so wehgetan, dass ich mich auf den Boden legen musste.*

Oh, sagte ich. *Das tut mir leid.*

Ist schon okay, sagte sie. *Sie können nichts dafür. Mein Sohn auch nicht.*

Ich lehnte mich wieder zurück und versuchte, mir vorzustellen, wie es ist, vor Schmerzen zusammenzubrechen. Die Frau saß immer noch da, und ich fragte mich, ob ich meinen Kopf in ihren Schoß legen könnte, und falls ja, ob sie mir übers Haar streichen würde wie Mia oder Ezra. Immerhin war sie eine Mutter. Aber noch während ich nachdachte, tauchten zwei Kinder auf, wahrscheinlich ihre, fast schon Teenager. Sie kamen angerannt, die Frau stand auf und umarmte sie halb. Die drei entfernten sich und plauderten dabei auf Spanisch. Ich fand sie extrem laut und hätte mir am liebsten die Ohren zugehalten, aber dann setzte ich mich auf. Plötzlich war ich von dem Drang angetrieben, etwas zu unternehmen und den Tag zu nutzen. Es war immer noch sehr hell, höchstens später Nachmittag; bis zum Sonnenuntergang blieben noch mehrere Stunden. Ich hatte nach wie vor Kopfschmerzen, fühlte mich aber klar und wach. Ich erinnerte mich an ein Getränk, das Mia mir empfohlen hatte, Rotwein mit Cola, gerade sehr beliebt in dieser Region. Genau das brauche ich jetzt, dachte ich. Das wird mich wieder in Schwung bringen.

Ich suchte mir eine neue Touristengruppe, ohne jeden Zweifel amerikanisch, und trödelte eine Weile hinterher. Ganz offensichtlich waren sie noch reicher; die Frauen trugen Kleider aus dünnem, seidigem Material und die Männer helle, locker sitzende Anzüge. Sie führten mich vom Platz weg und über eine langgezogene, von Palmen gesäumte Promenade. Weder blieben sie vor irgendwelchen Läden stehen, noch beachteten sie die Architektur. Die Entschlossenheit ihrer Schritte ließ eine Reservierung vermuten, ich war aber nicht neugierig genug, um ihnen bis ans Ziel zu folgen. Stattdessen ließ ich mich am erstbesten Lokal absetzen, das aussah wie eine Weinbar.

Die Tische im Innenraum bestanden aus alten Weinfässern, auf die jemand lackierte Holzplatten in abstrakten Formen gelegt hatte. Ich wählte irgendeinen, setzte mich daran und las die Karte. Dafür, dass es noch so früh am Abend war, fand ich den Laden gut besucht und ziemlich laut. Noch während ich mich fragte, ob ich womöglich an einem besonderen Ort gelandet war, kam der Kellner an meinen Tisch. Er war jetzt schon genervt. Ich bestellte Wein mit Cola, was er aber nicht verstand. Ich sah in der Karte nach, zeigte auf Kalimotxo, regionale Spezialität. Der Kellner sah mich böse an und nahm die Karte mit. *Und Wasser, agua*, rief ich ihm nach.

Er brachte mir ein hohes Wasserglas mit Kalimotxo, Wasser und einen kleinen Teller mit drei mittelgroßen Garnelen. Ich vergaß, mich zu bedanken. Das Cola-Wein-Gemisch schmeckte eigenartig schwer, unangenehm süß und sprudelig, aber ich verstand den Reiz. Die Garnelen waren gut, sehr frisch. Das Wasser war widerlich. Weil ich wahrscheinlich keinen zweiten Kalimotxo vertragen hätte, bezahlte ich, verließ die Bar, schlenderte über die Promenade und begutachtete die verschiedenen Bars und Restaurants. Alle waren überlaufen. Da kam mir eine geniale Idee: Ich würde in irgendeinem Supermarkt eine Flasche Wein kaufen und einfach picknicken. Ich freute mich so sehr über meinen Einfallsreichtum, dass ich fast einen Hüpfer machte.

Ich bog in eine Seitenstraße ab und dann in noch eine und noch eine, bevor ich endlich auf einen Supermarkt stieß. Ich ging an Obst und Gemüse und hohen Kühlschränken mit Hühnchen und Fisch vorbei, bis ich vor dem Alkohol stand. Weil ich mit Rotwein angefangen hatte, sollte ich wohl am besten dabei bleiben.

An der Kasse stand ein älterer Mann. Ich reichte ihm die Flasche, er scannte sie und sagte etwas auf Spanisch. Ich schüttelte den Kopf. Er versuchte es noch einmal, aber ich schüttelte wieder nur den Kopf. Da sagte er: *Tanzen?*

Ja!, rief ich. *Ja, ich gehe tanzen!*

Schön, sagte er zaghaft. *Viel Spaß.*

Auf jeden Fall! Ich gehe tanzen!

Ich nahm die Flasche und verließ den Supermarkt, um irgendwo allein meinen Wein zu trinken.

Ich ging auf demselben Weg zum Meer zurück, auf dem ich gekommen war. Ich hatte mich so weit davon entfernt, dass ich es vielleicht nicht gerade vermisste, aber gegen seine Nähe nichts mehr einzuwenden hatte. Der Rückweg war weniger hektisch, intuitiver, und ich genoss es, durch die anbrechende Dämmerung zu spazieren.

Die Steintreppen auf dem Platz waren jetzt unter Picknickdecken verschwunden. Darauf standen Teller mit Brot, Käse, Aufschnitt, Oliven, Weinflaschen und manchmal auch Teelichter. Ich blieb stehen und versuchte, mir einen Überblick zu verschaffen. Im Abendlicht wirkte alles sanfter, die Oberflächen weicher, die Farben weniger grell. Ich überlegte, ob ich mich kurz niederlassen, mich vielleicht sogar einer Gruppe anschließen sollte. Sie wirkten so entspannt und nahbar, als wäre in jeder ein Plätzchen für mich frei. Ich ging einmal um das Denkmal herum und lotete die Stimmung aus. Ich stellte mir vor, wie ich auf eine Gruppe zuschlenderte, lächelnd Platz nahm, die Weinflasche öffnete und unaufgefordert zu Chips und Avocadocreme griff. Doch je länger ich herumschlich, desto geschlossener wirkten die Grüppchen. Nach einer Weile war ich niedergeschlagen und voller Groll und stellte mir vor, wie ich ihre Saftkartons wegkickte und ihre Tomaten zertrampelte. Ich gab den Gedanken aber schnell wieder auf und setzte meinen Weg zum Hafen fort. Dort erwartete mich Gewissheit, dort wusste ich, was ich bekommen würde. Die Flasche öffnete ich im Gehen. Ich musste nicht sitzen, um zu trinken.

Ich erreichte die Strandmauer und stellte erfreut fest, dass sie treppenförmig angelegt war. Ich stieg ungefähr auf halbe Höhe hinunter, wobei ich sehr auf meine Schritte achtete, ließ mich nieder und lehnte den Rücken an den Beton. Er war immer noch warm von der Tageshitze. Ich sah mich um und bemerkte andere Leute, hauptsächlich Pärchen, und auch einige wenige, die allein saßen. Ich hatte noch etwa zwei Drittel meines Weins übrig und genau so viel Zeit, wie ich dafür brauchen würde. Der Wein war ebenso süß wie säuerlich. Weiter hinten konnte ich die *WA* erkennen, so weit entfernt, dass sie jedes beliebige Schiff hätte sein können. Ich zwang mich, nicht hinzusehen und meinen Blick aufs Meer zu richten, aber er wanderte immer wieder zum Schiff zurück. Also konzentrierte ich mich auf die untere Hälfte meines Kleids, das die Spuren des Tages trug: Staub vom Platz, Eigelb vom Frühstück. Ich fragte mich, ob das einer der Vorteile weißer Kleidung war. Ich trank weiter und wurde immer müder. Eine Erinnerung zog auf, ich trank sie nieder. Ich musste erst im Morgengrauen aufs Schiff zurück.

Der Abend wurde kühler, das Licht schwand, und ich verspürte den Impuls, die Sache zu Ende zu bringen und die Flasche zu leeren. Beim Aufstehen stellte ich erfreut fest, dass mein Kopf anscheinend nicht mehr mit meinem Hals verbunden war und meine Glieder schwebten. Ich stützte mich mit einem Arm an der Mauer ab, mit dem anderen schleuderte ich die leere Flasche ins Meer. Es hatte einmal eine

Zeit gegeben, in der ich dieses Verhalten abscheulich gefunden hätte, aber inzwischen machte es mir kaum noch etwas aus. Die Flasche rutschte mir aus der Hand, ich stieß einen tierischen Laut aus und sah, wie sie aufs Wasser klatschte.

Die Bemerkung des älteren Verkäufers fiel mir wieder ein und leuchtete wie eine Prophezeiung, wie das Versprechen, alles könnte doch noch gut werden. Tanzen! Ich schleppte mich auf die Strandpromenade hinauf und hangelte mich an der Mauer entlang bis zur nächsten Bar. Irgendwie wirkte Gastronomie in Küstennähe meistens abschreckend, finster und gesetzlos, was vielleicht mit ihrer ungeschützten Lage zusammenhing. Aber diese Bar war laut und hell und mit Touristen vollgestopft. Ich war sternhagelvoll und verdreckt und konnte kaum noch laufen. Um durch die Menge zu kommen, musste ich mich an fremden Schultern festhalten, und erst, als ich etwas Hartes zu fassen bekam, merkte ich, dass ich schon am Tresen stand und der Barkeeper mich erwartungsvoll ansah.

Wodka, hörte ich mich sagen. *Wodka-Tonic.*

Eine Erinnerung schob sich in mein Blickfeld, es war dieselbe wie eben, aber noch war nicht mehr davon zu erkennen als der untere Rand. Ich griff nach dem Drink und torkelte in die Menge zurück. Es gab einen DJ mit zwei Plattendecks, die Musik war ohrenbetäubend laut. Ich stellte mich so dicht vor die Boxen, dass ich den Krach als Vibration auf der Haut spüren konnte. Die Menge wirkte wechselweise euphorisch und bösartig, als könnte sie sich jeden Moment als furchtbare, gesichtslose Masse auf mich stürzen. Ich nippte an meinem Drink, wankte und schloss die Augen, damit ich die fremden Blicke nicht mehr mitbekam. Als ich ausgetrunken hatte, suchte ich verlassene Tische nach Resten ab. Ich leerte ein Glas Whisky-Cola, eine Schale Erdnüsse und eine Art Saftcocktail, an dessen Grund ein aufgeweichter Ananaskeil zerfiel. Ich wollte zurück zu den Boxen, aber da spürte ich Hände auf meinen Schultern. Jemand sagte, ich müsse jetzt gehen, und plötzlich stand ich draußen. Wütend trat ich gegen die Tür, und als derselbe jemand sagte, ich solle das nicht noch einmal machen, schrie ich, er solle mich nicht anfassen, obwohl niemand mich angefasst oder es auch nur versucht hatte. Schimpfend torkelte ich weiter. Ich beschimpfte ein paar Frauen, die zum Rauchen nach draußen gegangen waren, und einen vorbeikommenden Mann. Dann fragte ich ihn nach der Uhrzeit. Überraschenderweise bekam ich eine Antwort. Ich hatte noch fünf Stunden Landgang.

Auf einmal sehnte ich mich nach der Heimeligkeit enger Gassen. Ich hangelte mich an den Fassaden entlang. Alle paar Minuten musste ich stehen bleiben und eine Wange an die Mauer legen, andernfalls hätte ich mich übergeben, aber nach einer Weile war ich wieder in der Altstadt. Ein paar Frauen umringten mich, legten ihre Hände auf meine nackten Körperstellen und fragten, ob alles in Ordnung sei. Ich sagte ihnen, dass es mir gut gehe und dass sie mich in Ruhe lassen sollten. Möglicherweise habe ich sie auch gekratzt, denn sie ließen mich tatsächlich in Ruhe. Ich ging weiter und fand mich vor einer Art Pension wieder. Ich mühte mich minutenlang mit der Tür ab, bis eine ältere Frau sie von innen öffnete und mir ins Haus half.

Ich stützte mich auf den Rezeptionstresen und wühlte in der Tasche, bis ich meine Kreditkarte gefunden hatte. Mir fiel ein, dass ich etwas im Museumsshop gekauft hatte, vor langer Zeit, und ich fragte mich, wohin es verschwunden war. Die ältere Frau las die Kreditkarte ein, murmelte etwas Unverständliches, kam um die Rezeption herum und half mir zum Aufzug. Sie stieg ebenfalls ein und fuhr mit nach oben, und dort steuerte sie mich ins erste Zimmer. Sie half mir ins Bett, ich bekam undeutlich mit, wie sie mir die Turnschuhe auszog. Sie verschwand und kehrte mit einem Glas Wasser zurück. Das Zimmer hörte nicht auf, sich zu drehen.

Ich wurde wach, weil draußen etwas passierte. Ich öffnete die Augen und lag in einem fremden Hotelzimmer. Die Wände waren cremeweiß, unter der Decke prangte ein Blumenrelief. Ich war immer noch ziemlich betrunken. Die Uhr auf dem Nachttisch zeigte 4:30 an, in einer Stunde musste ich wieder an Bord sein. Draußen vor der Tür eskalierte ein Streit, jemand warf sich gegen die Flurwand. Weil ich nicht genau wusste, ob ich abgeschlossen hatte, raffte ich mich auf, drehte den großen Messingschlüssel und legte die Kette vor. Der Streit ging weiter, und in mir stieg ein unangenehm vertrautes Gefühl auf. Ich rang verzweifelt die Hände und trat ein paarmal gegen die Wand. Als das nichts half, sah ich mich nach einem Glas um, entdeckte eins in einer Pfütze unter dem Bett und trug es ins Bad, um etwas Wasser zu trinken. Ich wusch mir Gesicht und Achseln und trocknete mich mit einem Handtuch ab.

Meine Turnschuhe standen am Fußende. Ich stieg widerwillig hinein, ging zum Fenster und öffnete beide Vorhänge. Die stille Kopfsteinpflasterstraße wurde von einer einzigen Laterne erhellt. Ich wusste nicht, wo ich war, machte mir aber keine allzu großen Sorgen. Bis jetzt hatte ich immer irgendwie zurückgefunden. Ich nahm den Trainingsanzug aus der mittlerweile zerdrückten Strohtasche und zog ihn an. Das Hotelzimmer unterschied sich gar nicht so sehr von meiner Kabine auf der *WA*. Ein guter Übergangsort.

Ich ging ins Bad, um mir ein weiteres Glas Wasser zu holen, dann vergewisserte ich mich, dass die Kreditkarte noch da war. Ich warf mein letztes Kleingeld aufs ungemachte Bett, das Kleid ließ ich am Boden liegen wie eine Leiche. Ich sah mich noch einmal um, war aber anscheinend immer noch nicht ganz bereit. In der Ledermappe lag vielleicht eine Speisekarte, ich hätte mir etwas aufs Zimmer bestellen können, aber ich wusste, dafür blieb keine Zeit. Ich griff zum Telefon neben dem Bett, rief die Rezeption an und bestellte ein Taxi. Auf dem Weg zur Tür sah ich mich kurz im Badezimmerspiegel, und da kam mir eine Idee. Eine weitere gute Idee. Ich stellte mich ins Bad und legte die Finger meiner linken Hand um den Türrahmen. Mit der rechten zog ich die Tür so weit auf wie möglich, und dann knallte ich sie zu.

SEE

Bevor ich auf der *WA* angeheuert hatte, war ich an den meisten Wochenenden erst nachmittags aufgewacht. Wie gelähmt von zu viel Schlaf schaffte ich kaum mehr, als Toast mit etwas Marmite zu essen und Serien zu schauen, manchmal eine ganze Staffel am Stück. Ich streckte mich auf dem abgewetzten Samtsofa aus, das ich von meiner Tante geerbt hatte, schob mir ein Kissen in den Nacken und sah mir auf dem Handy Fotos von alten Kolleginnen und Mitschülerinnen an, von ihren Kindern und Partnern. Ich besuchte wahllos Onlineshops und kaufte Sweatshirts, Kleider und Jumpsuits, die ich keine Woche nach Erhalt zurückschickte, oft ohne sie anprobiert zu haben. Ich konnte einen ganzen Tag damit verbringen, einen Spaziergang zum Bubbletea-Stand in der Stadt zu planen, oder zu McDonald's, wo ich Chicken McNuggets hätte kaufen können. An solchen Tagen gelang es mir nie, die Wohnung zu verlassen. Der Abend rückte unaufhaltsam näher, es fühlte sich an, als würde sich vor meinen Augen eine Aufzugtür schließen, ein Verlobungsring in einen Abfluss rollen oder die Natur ihren Lauf nehmen, und ich saß auf dem Sofa und schaute zu.

Am Morgen nach meinem Abstecher nach Spanien wachte ich auf und empfand genau dieselbe Lustlosigkeit. Meine Schläfen und meine Hand pochten. Der Kabinenboden war von Pistazienschalen und blutigen Kosmetiktüchern bedeckt, in der Mitte erhob sich ein trauriger Schmutzwäschehaufen. Ich brauchte einen Moment, bis mir wieder einfiel, was passiert war. Ich hob mir die linke Hand vors Gesicht. Meine geschwollenen Finger waren mit blutdurchtränktem Toilettenpapier umwickelt und krümmten sich wie Beutetiere in ihrem Versteck. Ich ging meine Möglichkeiten durch, dann zog ich mit der rechten Hand das Tablet unter dem Bett hervor, meldete mich krank und buchte einen Termin im Bordhospital. Der Schmerz wallte immer wieder auf und verebbte, während ich mich unbeholfen anzog und anschließend versuchte, Kosmetiktücher und Pistazienschalen zusammenzuschieben und in den Mülleimer zu werfen. Ich wusste, ich hatte mir einen Finger gebrochen, wenn nicht sogar zwei, und nun machte ich mir Sorgen, was das für meine Arbeit bedeuten würde. Ich fragte mich, ob ich die Aktion bereute, dann wiederum wäre mir das ähnlich sinnvoll erschienen, wie Haarausfall zu bereuen oder dass man sich eine Erkältung eingefangen hat. Es lag nicht in meiner Hand.

Das Bordhospital befand sich auf einem der unteren Decks. Normalerweise hätte ich die Treppe genommen, um ein Gespür für die Tiefe zu bekommen, aber weil ich zu müde und zu verkatert war, nahm ich lieber den Aufzug. Während der Fahrt nach unten stellte sich das vertraute Kompressionsgefühl ein, die Luft wurde dicker und ich hatte ein Knacken in den Ohren. Ich spürte den Druck bis in die Finger, als könnten sie jeden Moment zerplatzen oder abermals brechen.

Das Hospital sah nicht wie ein echtes Hospital aus, weil es natürlich keins war. Es handelte sich um eine Art Praxiskulisse, um die Attrappe einer Krankenstation. Ich musste lange warten, trank zu kaltes Wasser aus kleinen Pappkegeln und wurde schließlich zur Krankenschwester durchgelassen. Bevor sie nach dem Grund meines Besuchs fragte, überflog sie meine Personalakte. Ich legte meine Hand zwischen uns auf den Tisch. Ich hatte es nicht gewagt, das Toilettenpapier zu entfernen. Meine Angst, ohne medizinischen Beistand eine furchtbare Entdeckung zu machen, war zu groß gewesen.

Wie ist das denn passiert?, fragte die Krankenschwester.

Ich habe sie mir eingeklemmt, sagte ich. *In einer Tür.*

Sie gab einen Laut von sich, wie um zu signalisieren, dass sie mir unvoreingenommen zuhörte.

Ich glaube, sie ist gebrochen, sagte ich.

Sie schwieg verdächtig lange, dann sagte sie: *Tja, dann wollen wir uns das mal ansehen.*

Mit einer kleinen Schere zerschnitt sie das Toilettenpapier, mittlerweile steif und braun vom getrockneten Blut, anschließend löste sie die festgeklebten Fetzen mit einem nassen Tupfer. Die Haut darunter war violett und von dunkelrosa Blutgerinnseln durchzogen. Ein Finger war auf die dreifache Dicke angeschwollen, wie in einem Zeichentrickfilm. Ich versuchte, ihn zu bewegen, aber der Schmerz schoss sofort aus der Hand hinter meine Augen, und ich ließ es bleiben.

Nun, der Ringfinger ist definitiv gebrochen, sagte sie. *Die anderen anscheinend nicht. Zu welchem Dienst sind Sie eingeteilt?*

Geschenkeshop, sagte ich. *Aber nicht mehr lange.*

Aha. Und danach?

Nagelstudio.
Tja. Sie lächelte. *Wenn das keine Ironie des Schicksals ist.*
Sie verließ den Raum, ich blieb allein zurück und betrachtete das nüchterne Weiß. Die leeren Abstellflächen boten keinen Halt, die weißen Hängeschränke wirkten kalt und gleichgültig. Das grelle, durchdringende Licht hatte jede Menge Platz, sich auszubreiten. Ich fühlte mich wie ein Mikroorganismus, der in einer Petrischale schwimmt und auf Lebenszeichen untersucht wird. Die Krankenschwester kehrte mit einer Spritze und einer Ampulle mit hellgelber Flüssigkeit zurück.
Das tut gleich ein bisschen weh, sagte sie.
Das, sagte ich und hob die Hand, *tut jetzt schon weh.*
Sie lächelte halb geduldig, halb gelangweilt, nahm sich den Ringfinger vor und musterte ihn von allen Seiten. Die Flüssigkeit injizierte sie in winzigen Dosen direkt in die Wurzel, einmal rundherum und in scheinbar willkürlichen Abständen. Ich stellte mir vor, wie die gelbe Flüssigkeit sich unter der Haut verteilte, zusammenlief und den Schmerz erfasste. Als sie fertig war, legte sie meine Hand auf den Tisch zurück, ließ sie aber nicht aus den Augen. Ich tat es ihr gleich und fragte mich, ob ich eine sichtbare Veränderung wahrnehmen sollte.
Nach einer Weile wurde meine Hand plötzlich kalt. Ich betrachtete das zerquetschte Fleisch. Mein Finger auf dem sterilen Edelstahltisch sah grotesk aus, wie eine Anomalie. Plötzlich schämte ich mich dafür, ich hatte ihn in die Klinik geschleppt wie ein Hund einen toten Vogel ins Wohnzimmer. Die Anomalie war nicht bloß mein Finger oder meine Hand, sondern ich. Ich war zu lange an Land gewesen, und nun ließ es mich nicht mehr los, zirkulierte als Alkohol, Fett

und Zucker durch meinen Körper, lag als Sonnenbräune auf meiner Haut, hing mir als Nikotin und Staub in den Haaren.

Die Pflegerin bestrich den Finger mit einer antiseptisch riechenden Salbe und massierte sie sanft in die Haut ein. Nicht ganz ohne Stolz bemerkte ich, dass der Nagellack unbeschädigt geblieben war. Der saubere Bogen des Nagelbetts krümmte sich wie ein Lächeln, der glänzende Überlack schützte die Farbe. Ich stellte mir vor, wie die Kundinnen nach einer Behandlung bei mir ihre Nägel betrachteten und neuen Auftrieb verspürten. Vielleicht gingen sie damit zu ihren Freundinnen, womöglich empfahlen sie mich weiter.

Die Krankenschwester bettete meinen Finger in eine blaue Schaumstoffschiene, die mich an das Material der Gläserkisten im Shop erinnerte, und der Gedanke, ein Teil meines Körpers könnte zerbrechlich sein und dieselbe Umsicht verdient haben wie beispielsweise ein langstieliges Sherryglas oder ein Duftstäbchenflakon, war fast ein bisschen rührend. Nachdem sie die Schiene verklebt hatte, gab sie mir eine Rolle Fixierpflaster und wies mich an, den Verband zu straffen, sobald die Schwellung nachließ. Außerdem bekam ich drei Kunststoffdöschen mit Medikamenten, eins gegen die Entzündung, eins gegen die Schmerzen und ein Antibiotikum, nur zur Sicherheit.

Passen Sie auf sich auf, sagte sie, und damit war ich entlassen.

~~~~~

Zurück in meiner Kabine öffnete ich das Rollo und legte mich angezogen aufs Bett. Das Licht fiel in gelbverbrannten Streifen ein. Das Meer war immer noch ein bisschen unruhig, und ich ließ mich von den Wellen wiegen. Gelegentlich musste ich meine Bauchmuskeln anspannen, um nicht auf die Seite zu kippen. Nach einer Weile schleppte ich mich ins Bad, pinkelte dunklen, hochkonzentrierten Urin und bezog dann wieder meinen Posten auf dem Bett.

Um mir die Zeit zu vertreiben, malte ich mir aus, was anderswo an Bord vor sich ging. Ich dachte an die sarggleich aufgereihten Sonnenliegen und an die eleganten kleinen Päckchen aus Feta und Spinat, die in der Tapasbar serviert wurden. Manchmal schoben sich alte Erinnerungen zwischen die Bilder, und dann sah ich das Tuch, das mein Mann mir einmal von einer Frankreichreise mitgebracht hatte, oder wie er alles mit dem Suppenlöffel aß.

Nach einem Landgang hatte ich oft das Bedürfnis, mich zu verschließen, mich in meine Haut zurückzuziehen, mit meiner Scham allein zu sein. Aber langsam bekam ich Hunger, und später, als der Hunger groß genug war, schrieb ich nach einigem Hadern Mia an. Ich entriegelte die Tür, weil ich wusste, dass sie ohne Anklopfen eintreten würde. Anzuklopfen wäre ihr nie in den Sinn gekommen.

Ich will es gar nicht wissen, sagte sie mit Blick auf meine Hand. Sie war erst seit wenigen Sekunden da.

Nicht so schlimm, sagte ich. *Ich habe sie in einer Tür eingeklemmt.*

Klar.

Ich rückte zur Seite, damit sie sich neben mich legen konnte. Sie schob einen Arm unter meinen Nacken und strich mir mit der freien Hand die Haare aus der Stirn. Sie streichelte meinen Kopf, Schatten krochen über die Decke.

Du riechst widerlich, sagte sie gleichgültig, ohne jeden Vorwurf. Es klang wie: Die Milch ist sauer.

Wir lagen schweigend da, und ich war dankbar, dass sie die Stille nicht mit Reden füllen wollte. Gelegentlich verdrehte ich die Augen seitlich und musterte ihre ausgeprägten Wangenknochen, die schweren Augenlider.

Einmal habe ich von dir geträumt, sagte ich.

Ach wirklich, sagte sie.

Ja. In dem Traum hast du die Haut an deinem Bauch in die Länge gezogen und mich darin eingewickelt. Du hast mich hochgehoben und mit dir rumgetragen wie einen Fötus. Als ich aufgewacht bin, war ich total entspannt.

Ständig erzählen die Leute, was sie von mir geträumt haben, sagte Mia. *Ehrlich, ich wünschte mir, sie würden drauf verzichten.*

Wir blieben noch etwa eine Stunde so liegen, und dann beschloss Mia, mich zu waschen. Sie zog mich hoch, half mir aus den Schuhen, aus den Socken, aus dem Trainingsanzug und der Unterwäsche. Während sie die Dusche aufdrehte, wartete ich nackt in der Kabine. Ich fragte mich, wie ich stehen, ob ich ein Knie beugen oder die Hüfte vorschieben sollte. Nackt zu sein machte mir nichts aus, solange jemand in der Nähe war.

Komm, sagte sie. *Wir machen dich sauber.*

Sie nahm den Duschkopf aus der Halterung und bedeutete mir, einzutreten.

Darf das nass werden?, fragte sie und zeigte auf meine Hand.

Keine Ahnung, sagte ich. *Die Schwester hat nichts dazu gesagt.*

Na, dann tun wir wohl besser so, als dürfte es nicht nass werden.

Ich reckte die Arme vor. Mia begoss mich mit Wasser, ich seifte mich ein. Weil ich mir die Haare nicht einhändig waschen konnte, hielt ich den Duschkopf, während sie das Shampoo in meine Kopfhaut einmassierte, es ausspülte, Conditioner in den Haaren verteilte und ebenfalls ausspülte. Sie wickelte mich in ein großes Handtuch und meine Haare in ein kleines.

Ich kann dir die Haare föhnen, sagte sie.

Wirklich? Ich hörte selbst, wie verletzlich ich klang.

Natürlich, sagte sie. *Ich weiß doch, wie gern du trocken bist.*

Ich setzte mich auf den Stuhl, und Mia stellte sich hinter mich. Plötzlich musste ich an früher denken, als ich noch zum Friseur gegangen war. An das ganze Theater. Die Friseurin brachte mir einen Cocktail und eine Zeitschrift, fragte nach meinem letzten Urlaub. Und ich saß im Frisiersessel und dachte: Ich kann sein, wer ich will.

Sobald meine Haare trocken waren, half Mia mir in den Pyjama. Sie befahl mir, im Bett liegen zu bleiben, während sie die Kabine aufräumte und die letzten Pistazienschalen und blutigen Kosmetiktücher einsammelte und noch ein paar andere Kleinigkeiten, die ich übersehen hatte, Haarnadeln, Büroklammern, leere Schokoriegelfolien, Haarknäuel. Ich stellte sie mir als Kind vor, wie sie sich um Ezra kümmert. Ihre Eltern waren Biologen. Beide arbeiteten für einen Pharmakonzern und waren nur selten zu Hause. Einmal hatte Mia mir erzählt, sie habe schon mit acht gelernt, Eier zu kochen. Als sie zehn war, fragten ihre Eltern sie zu den unterschiedlichen Programmen der Waschmaschine ab. Sie hatte geklungen, als wäre sie sehr stolz darauf.

Als der Boden sauber war, wechselte sie die Bettwäsche. Ich musste mich hierhin und dorthin rollen, aber kein einziges Mal von der Matratze aufstehen. Mia stopfte die benutzten Laken und die klammen Handtücher in einen Stoffbeutel. Sie würde die Sachen in die Wäscherei bringen und frische holen. Bevor sie ging, sagte sie, ich solle die Augen zumachen. Ich sei grau im Gesicht. Sie komme gleich wieder.

Sobald sie gegangen war, klappten meine Augen auf. Die Kabine sah aus wie neu. Mia hatte beim Aufräumen ganze Arbeit geleistet, was mich zuversichtlich stimmte, rein theoretisch genauso gut und sauber sein zu können. Aber weil Mia nicht mehr da war, verlor die Kabine schnell ihren Glanz. Ich musste an die alte Wohnung denken, und wie ich stundenlang darauf gewartet hatte, dass mein Mann von der Arbeit nach Hause kam. Er hatte oft Überstunden gemacht. Ganze Abende auf dem Sofa, im Hintergrund manchmal der Fernseher, damit ich ein wenig Gesellschaft hatte. Meistens sah ich aber nicht fern, sondern saß einfach nur da und badete in der meergrünen Stille. Wahrscheinlich habe ich mich nicht wirklich gelangweilt. Ich war bloß unruhig, weil er nicht da war. Mein Herz klopfte aufgeregt, wartete auf seine Heimkehr.

Ich zwang mich in die Gegenwart zurück. Alles musste sich ändern. Die Dunkelheit in der Kabine war wie die Verheißung einer Erneuerung, wie die Schwarzblende, bevor eine neue Folge beginnt. Ich nahm die Tabletten nach Anweisung der Krankenschwester, und tatsächlich fühlte sich mein Finger schon ein kleines bisschen weniger geschwollen an. Kurz darauf war Mia zurück. Ihr Gebaren hatte etwas leicht Wichtigtuerisches, und ich verspürte den starken Wunsch, sie zu beschützen.

Ezra kommt gleich, sagte sie. *Er bringt was zu essen mit.*

Sie setzte sich ans Fußende, wir warteten. Hin und wieder wanderte ihr Blick zu meiner Hand, und über ihr Gesicht huschte eine Regung, die ich nicht deuten konnte.

Sicher, dass alles okay ist?, fragte sie schließlich und starrte dabei geradeaus.

Mir geht es gut, sagte ich. Ich hatte es noch nie geschafft, den Satz glaubwürdig klingen zu lassen.

Als Ezra kam, hörte ich ein einziges Klopfen, sanft und hohl. Mia öffnete die Tür. Ezra stand im Flur, der Styroporboxenstapel auf seinem Arm reichte ihm bis ans Kinn. Er stellte die Boxen vorsichtig auf den Schreibtisch, und Mia half ihm, den Turm abzubauen. Sie nahm eine Box nach der anderen herunter und gab den Inhalt bekannt: Kabeljau mit Kurkuma. Spitzkohl. Pizza Hawaii. Kartoffel-Laksa. Grüne Bohnen mit Meersalz. Ziegenkäseravioli. Als alles ausgepackt war, klatschte sie in die Hände, eine untypisch mädchenhafte Geste, die sie sofort zu bereuen schien. Sie fragte, ob ich Geschirr hätte.

Ich wand mich aus den Laken und durchsuchte den Schrank, wo ich alles aufbewahrte, was aus den verschiedenen Cafés und Restaurants in meinen Besitz übergegangen war. Nichts schien dem Anlass angemessen. Am Ende nahm ich einfach alles heraus. Ich hatte ein paar große und kleine Teller, manche davon eckig, andere rund, mehrere unterschiedlich große Schalen und außerdem einige eher rätselhafte Utensilien wie ein Steakmesser, einen Käsehobel, eine Saucenkelle und ein halbes Salatbesteck. Das musste reichen. Wir setzten uns nebeneinander aufs Bett wie bei einer Übernachtungsparty. Nach dem Essen sahen wir eine Folge *Akte X*. Es ging um einen Mann, der Menschen umbrachte und anschließend ihre vom Krebs befallenen Körperteile aß. An einer Stelle sagte seine Mutter, er sei als Kind furchtbar gemobbt worden, und falls er jemanden umgebracht habe, habe derjenige den Tod verdient. Später streifte der Krebs essende Mann seinen Körper ab wie eine Schlange ihre Haut. Scully erfährt, dass sie Krebs hat und der Mann sie deswegen essen will. Danach schauten wir die *Frasier*-Folge, in der alle zusammen campen gehen und jemand *Walden* liest. Ich fragte mich, wann ich zuletzt ein Buch gelesen hatte, aber Ezra unterbrach meine Gedanken.

Wann kannst du wieder arbeiten?, fragte er.

Morgen, sagte ich. *Meine letzte Schicht im Laden.*

Er sah leicht erschrocken aus. *Das ging aber schnell.*

Und dann?, fragte Mia.

Nagelstudio, sagte ich und sah weiter fern. Martin erzählte Frasier gerade eine Gruselgeschichte. Er machte einen Witz über Frasiers vollgepinkelten Schlafsack. *Aber diesmal in leitender Funktion.*

In leitender Funktion?, fragte Mia langsam. *Hast du so was denn schon gemacht?*

Ist mein erstes Mal, sagte ich achselzuckend. *Und du?*

Ich bin doch jetzt in der Pizzeria, erinnerte sie mich. *Die auf Deck drei.*

Aber die Pizza ist gratis, oder?

Ja, sagte sie resigniert. *Die Pizza ist gratis.*

Inzwischen hatte eine *Cheers*-Folge angefangen, die ich schon kannte. Der Schmerz strahlte von meiner Hand in den Ellenbogen aus. Ich fühlte mich aufgedunsen und gleichzeitig hungrig. Mia sah immer wieder zu mir herüber. Anscheinend steigerte sie sich in etwas hinein, wie meine Mutter früher, wenn sie manisch das Haus geputzt hatte. Etwas braute sich zusammen und wollte raus. Ich hatte das gleiche dunkle Gefühl wie damals. Etwas war von mir erwartet worden, und ich hatte vergessen, es zu erledigen.

Ich weiß ja nicht so recht, sagte Mia.

Was?
Du als Führungskraft. Das Programm. Ganz offensichtlich wird dir das alles zu viel.

Sie hob meine Hand von meinem Bauch und hielt sie mir vors Gesicht wie ein beschämendes Beweisstück. Sie drehte die Hand hin und her, als präsentierte sie ein Argument. Dass jemand meine Gliedmaßen bewegte, störte mich gar nicht. Die meisten Leute konnten das besser als ich.

Bin ich die Einzige hier, die sieht, wie überfordert sie ist?, sagte sie weder zu mir noch zu Ezra. Sie meinte niemand Bestimmten. *Ich finde, sie sollte sich wirklich mal überlegen, ob es sich lohnt, mit dem Programm weiterzumachen.*

Lass sie in Ruhe, seufzte Ezra, nahm die Hand und legte sie zurück auf meinen Torso. Mia starrte ihn böse an. Sie sah aus, als würde sie gleich in Tränen ausbrechen. Ezra, nervös und müde zugleich, hielt ihrem Blick stand. Ich wusste, ich musste irgendetwas tun.

Wer hat Lust auf eine Runde Familie?, fragte ich.

Ezra wurde sofort wieder munter. Ihm war eingefallen, dass er mit Babysein dran war. Mia wirkte immer noch aufgebracht, aber dann zuckte sie nur die Schultern, blinzelte ein Mal, und die Wolke hatte sich verzogen.

Wir spielten nur eine kurze Runde. Wir setzten Ezra auf den Boden, und er zeigte auf alles, was er haben wollte. Wir hielten ihm die Sachen hin, damit er sie betrachten oder anfassen oder fallen lassen konnte. Er zeigte auf einen Suppenlöffel und drehte ihn hin und her. Er zeigte auf den Bilderrahmen mit dem *WA*-Gedenkfoto, den er sofort zu Boden warf. Er zeigte auf einen Kuli und bemalte sich das ganze Gesicht. An dem Punkt beschlossen wir, dass es für heute genug war. Am nächsten Morgen mussten wir alle früh raus.

Ezra wollte weiterspielen, aber Mia und ich zerrten ihn auf die Beine und schubsten ihn halb im Spaß zur Tür. Einen kurzen, eigenartigen Moment lang schien es, als würde er die Rolle nicht ablegen; wir konnten ihn hinaus in den Flur schieben, hinaus in die Welt, und er würde weiterhin ein Baby bleiben, unbeweglich und sprachlos und keine elf Monate alt. Die Vorstellung machte mich ganz kurz panisch. Vielleicht würden wir eines Tages spielen und nicht mehr aufhören können. Ezra legte den Kopf schief und sah übertrieben niedlich aus. Seine Glieder waren schlaffer Ballast. Seine nackte Bedürftigkeit war monströs, die Schwerkraft gewaltig. Als ich es nicht mehr aushielt, ohrfeigte ich ihn mit meiner unverletzten Hand, ein einziges Mal nur, aber ziemlich fest.

Das reicht, zischte ich. *Hör auf.*

Er legte sich die gekrümmten Finger an die Wange. Die Haut dazwischen sah rosa und wund aus. Ich wartete auf das schlechte Gewissen, aber nichts passierte.

Tut mir leid, sagte er. *Tut mir leid.*

Ich fürchtete Mias Reaktion, denn ich wusste, sie stand hinter mir und hatte alles gesehen. Nach einer Weile zog Ezra seine Jacke von der Stuhllehne und ging wortlos hinaus, eine Hand immer noch an der geröteten Wange. Ich drehte mich um und machte mich auf Mias Entrüstung gefasst.

Keine Sorge, sagte sie schroff. *Er hat es nicht anders verdient.*

Irgendwie machte ihre Loyalität alles nur noch schlimmer.

Sie stapelte die Styroporboxen zu zwei Türmen auf, einer aus Schalen und einer aus Deckeln, die sie fein säuberlich ineinandersetzte. Sie sammelte die Teller ein und legte das Besteck darauf. Sie nahm die Styroportürme auf den Arm und öffnete die Kabinentür mit dem Fuß.

Die spülst du noch ab, oder?, fragte sie und nickte in Richtung der Teller.
Im Waschbecken.
Okay, aber vergiss es nicht, sagte sie. *Bis bald.*
Als sie gegangen war, merkte ich, dass ich mich nicht mehr so einsam fühlte wie zuvor, obwohl ich es natürlich war.

∼∼∼∼∼

Ein Dienstwechsel wurde normalerweise mit viel Trara begangen. Mit kleinen, aus der Personalkantine geklauten Rührkuchen. Mit lieblicher Weinschorle in Plastikbechern. Mit klebrigen Süßigkeiten zum Abschied. Eigentlich wollte ich das Trara nicht, aber insgeheim fürchtete ich mich vor dem, was sein Ausbleiben möglicherweise bedeutete. Was ich in Wirklichkeit wollte: der Star wider Willen einer mir zu Ehren veranstalteten Party sein. Und tatsächlich fand ich, dass ich diesmal mehr Anerkennung verdient hatte als die anderen, und zwar aufgrund meiner außergewöhnlichen Leistungen. Ich hatte die Kosmetikabteilung umorganisiert und viel Laufkundschaft mit Cremes und reichhaltigen Pflegeprodukten angelockt, nachdem Kundinnen sich beschwert hatten, die Seeluft trockne Haut und Haare aus. Ich hatte eine neue Systematik für Smartphonehüllen eingeführt, die das Handymodell ebenso berücksichtigte wie den Hüllenhersteller. Ich hatte die vergoldeten Halsketten farblich sortiert, vom hellsten Goldton zum dunkelsten, sodass sie mich – und andere wohl auch – an den Klang eines Glockenspiels erinnerten, über das ein Klöppel gezogen wird.

Aus aufrichtiger Fürsorge hatte ich innovative, sinnvolle Arbeit geleistet. Wenn ich das, was ich in meiner relativ kurzen Zeit im Geschenkeshop erreicht hatte, mit den Erfolgen von Zach und der Neuen verglich, deren Namen ich mir absichtlich nicht merken konnte, erschien mir das Ergebnis so lächerlich, dass ich tatsächlich lachen musste. Und so ging ich lachend zu meiner letzten Schicht. Ich lachte während des gesamten Wegs.

Leichtfüßig schritt ich dahin, aber sobald ich den Shop sah, ergriff mich eine vertraute, namenlose Melancholie, eine Art Bedauern. Ich brauchte ein paar Momente, mich zu sammeln, aber da fiel mir wieder ein, dass ich nur lächeln musste, um meine Ängste in Aufregung zu verwandeln.

Nachdem ich eine Weile an der Kasse gestanden hatte, fragte ich mich, wie spät es wohl war, wie viele Minuten ich schon arbeitete und wie lange die Schicht noch dauern würde. Das Leben auf der *WA* hatte mein Verhältnis zur Zeit verkompliziert. Die Zeit war von so wesentlicher Bedeutung für das Projekt, für den Alltag. Die Stunden einer Schicht, die Wochen eines Arbeitseinsatzes, die Jahre auf See. Der ständige Blick auf die Uhr und in den Kalender war so hochkonzentriert, dass er irgendwann gar nichts mehr bedeutete, wie wenn man in ein sehr helles Licht starrt und dabei erblindet. Während einer Schicht nahm ich jede Minute einzeln wahr, aber danach fühlte es sich an, als hätte ich nur kurz gearbeitet. Die Tage vergingen blitzschnell. In gewisser Hinsicht ähnelten verstreichende Minuten angesparten Minuten, bewiesen sie doch, dass weitere folgen würden. Die Zeit schritt unaufhaltsam weiter, die Waage befand sich im steten Gleichgewicht zwischen Zukunft und Vergangenheit. Meistens fühlte ich mich im Plus. Wenn ich bei der Arbeit war, leistete ich immerhin etwas. Ich war produktiv. Vor und nach den Schichten kam mir die Zeit hingegen vergeudet vor, irgendwie tot.

Ich betrachtete meinen Finger und das Schaumstoffkanu, in dem er lag, und fühlte eine tiefe Resignation. Aus unerfindlichem Grund war der Schmerz über Nacht schlimmer geworden, oder vielleicht machte er sich auch einfach nur deutlicher bemerkbar. Es war der Schmerz von Knochen, die sich neu anordnen und heilen. Mehr als alles andere wünschte ich mir, dass die Welt sich einfach weiterdrehte. Um mich vom Schmerz abzulenken, wischte ich alle Oberflächen im Kassenbereich ab, obwohl sie gar nicht verstaubt waren. Danach drehte ich eine Ehrenrunde durch den Laden, zu meinem eigenen Gedenken. Ich fragte mich, welche neuen Erfahrungen mich im Nagelstudio erwarteten.

Nach der ersten Schichthälfte war ich überzeugt, dass es kein Trara mehr geben würde. Anscheinend hatte ich mich ganz umsonst so angestrengt. Ich beschloss, den Abschied für mich allein zu feiern, indem ich mich ein letztes Mal ins Zeug legte und mit einem großen Triumph abtrat. Ich hielt nach einer möglichst wohlhabenden und beeinflussbaren Passagierin Ausschau und entdeckte irgendwann eine Frau Ende sechzig. Sie trug einen offenbar echten Fuchspelzmantel und zu viele Perlenketten, um noch ganz richtig im Kopf zu sein. Von ihrer Ellenbeuge baumelte eine große Chanel-Tasche. Ich näherte mich und sah lange Reihen aus Diamantsteckern an ihren Ohrläppchen. In ihren Augenwinkeln hatte sich Lidschatten in einem merkwürdigen Gelbton abgesetzt. Ihr Anblick weckte in mir den Wunsch, die Augen zu schließen und ein Jahr lang zu schlafen.

Eine Sache konnte bei der Arbeit im Geschenkeshop ziemlich lästig sein: Anscheinend kamen manche Passagiere zum Sterben her. In einem Moment schlenderten sie noch durch die Gänge, probierten Sonnenbrillen aus, legten sich ein Tuch um die Schultern und betrachteten sich im Spiegel, und im nächsten kippten sie um. Für gewöhnlich traf es vor allem die Langzeitgäste, jene, die sich schon seit Ewigkeiten nicht mehr für Tagesausflüge interessierten. Es war, als verfügten sie über ein inneres Zielsuchgerät, das sie in den Geschenkeshop mit der funkelnden Ware und der stark parfümierten Luft führte. Sie waren wie Katzen, die sich ein stilles Eckchen zum Sterben suchen. Zum Glück hatten wir Kollegen, die für so etwas ausgebildet waren. Wir riefen sie, und sie kamen und beseitigten die Schweinerei. Die Frau mit dem gelben Lidschatten sah nicht gerade wie eine typische Todeskandidatin aus, aber man konnte nie wissen.

Kann ich Ihnen helfen?, fragte ich.

Ich glaube nicht, antwortete sie. *Ich bin zufrieden damit, mich ein bisschen umzusehen. Ich sehe mir nur die Sachen an.*

Wie um ihre Handlungsfähigkeit zu beweisen, strich sie mit der Hand über einen Kaschmirschal. Rücksichtslos fuhren ihre blutrot lackierten Fingernägel über die sanften Pastelltöne. Die Frau erinnerte mich an Weihnachten: teuer und ein bisschen geschmacklos. Ich blieb hartnäckig und wusste selbst nicht, warum.

Haben Sie unsere neue Kollektion von Inuit-Stiefeln schon gesehen?, fragte ich. *Toskanisches Lamm mit einem Futter aus Kaninchenfell. Satinbänder. Wir haben viele Farbkombinationen im Angebot.*

Danke, das ist nichts für mich. Ich will mich wirklich nur umsehen. Sie räusperte sich, ein vergeblicher Versuch, mich loszuwerden.

Wie wäre es dann mit einem Armreifen?, fuhr ich fort. *Im Moment haben wir türkischen Silberschmuck da.*

Sie schüttelte den Kopf und lächelte knapp. Sie strich noch einmal mit den Fingerspitzen über die Schals und tat nicht einmal so, als läse sie die Preisschilder. Dann wandte sie sich ab und ging zu den Elektrogeräten weiter. Sie wollte sich wirklich nur umsehen. Ohne jede Kaufabsicht einen Laden zu betreten, erschien mir plötzlich so anstößig, dass mir fast übel wurde. Am liebsten hätte ich sie geboxt oder, noch besser, eine Hand in ihre Haare gekrallt und ihren Kopf gegen ein Regal geschlagen.

Vielleicht wären unsere exklusiven WA-Fanartikel etwas für Sie?, sagte ich und folgte ihr. *Wir haben ganz wunderbare Regenmäntel und in Leder gebundene Notizbücher. Oder kann ich Sie für einen unserer neuen Raumdüfte interessieren? Für etwas Süßes? Ziegenmilchbonbons? Lavendelgummi? Honigmelonen-Mochi?*

Sie drehte sich zu mir um und war ganz offensichtlich genervt.

Ich möchte nur das eine, sagte sie in nicht unfreundlichem Ton, *und zwar meine Ruhe. Wäre das möglich? Dass ich mich in Ruhe umsehen kann? Bitte?*

Sie ließ mich stehen und ging zu den Parfums. Mein Blick fiel auf die kleinen, mit klarer, goldfarbener Flüssigkeit gefüllten Glasflakons, und da begriff ich plötzlich, warum die Leute zum Sterben in den Geschenkeshop kamen. Die langen, geraden Gänge und die ordentlich aufgereihten Produkte erinnerten an einen Friedhof. Sie verströmten dieselbe kühle Ruhe.

Die Frau griff zu einem Flakon, der wie ein Wolkenkratzer geformt war, und spritzte sich etwas Parfum auf den Unterarm. Sie wartete kurz, dann neigte sie den Kopf und schnüffelte. Sie wiederholte den Vorgang mit einem Flakon in der Form eines Diamanten, eines Herzens, einer weiblichen Büste. Den Spritzer platzierte sie jedes Mal ein bisschen höher, und jedes Mal wartete sie vor dem Einatmen kurz ab. Sie ging fraglos sehr gekonnt vor, und als sie keine freie Stelle mehr fand, wechselte sie zum anderen Unterarm. Je länger ich sie beobachtete, desto stärker wurde die bodenlose Empfindung, die ihre geübten Bewegungen in mir weckten. Am liebsten hätte ich laut geschrien.

Sie bemerkte meine Blicke und lächelte abermals knapp, was ich als Einladung deutete. Ich baute mich vor ihr auf, hielt mein Gesicht dicht an ihres und flüsterte: *Was zur Hölle ist Ihr Problem?* Im selben Moment marschierte Zach über die Verkaufsfläche. Er schob einen Serviertisch mit einer mehrstöckigen Torte und einer Champagnerflasche vor sich her. Ich kehrte der Frau und dem Parfum, das sie nicht kaufen würde, den Rücken zu und ging Zach entgegen, und währenddessen dachte ich: Der Tag heute hat sich fast so angefühlt wie meine Hochzeit.

∿∿∿

Nach der ersten Woche im neuen Job hatte ich einen weiteren Termin bei Keith. Ich hatte angefangen, meine Zeit um unsere Treffen herum zu strukturieren, und obwohl ich nur selten wusste, welcher Tag in der Woche gerade war oder welcher Monat im Jahr, wusste ich immer genau, wie viele Tage seit unserem letzten Treffen vergangen waren und wann das nächste stattfinden würde. An dem Morgen wachte ich mit einer an Übelkeit grenzenden Erwartung auf;

ich musste mich im Bett aufsetzen, einen Schluck Wasser trinken und warten, bis sie verebbt war. Während ich mich zurechtmachte, empfand ich eine nervöse Vorfreude.

Ich gewöhnte mir an, mich vor den Treffen stärker zu schminken. Wahrscheinlich wollte ich Keith davon überzeugen, dass er, sollte es sich ergeben, gern mit mir schlafen würde. Ich tupfte mir nach Milch duftenden Puder aufs Gesicht und zog mir die Lippen in einem matten Rot nach. Ich brachte meine Wimpern mit einer Zange in Form, anschließend tuschte ich sie kräftig. Ich kämmte meine Haare, bis sie gehorchten und in glatten Strähnen herunterhingen. Mit dem sorgfältigen Make-up fühlte ich mich besonders verletzlich fast so, als wollte ich einem Lehrer oder einem Elternteil ein filigranes Kunstprojekt vorführen in der Hoffnung auf Anerkennung und das Versprechen, es würde niemals zerstört. Ich zog wieder das enge Kleid von Mia an, weil Keith mir ein Kompliment dafür gemacht hatte. Er sollte wissen, dass ich seine Ratschläge nicht über Bord warf. Ich war dabei, das Beste aus mir herauszuholen.

Im Wartebereich sah ich die vertrauten Gesichter. Der Mann mit dem Muttermal. Kai mit den nach Chardonnay riechenden Haaren. Ich sah mich nach Madeleine um, aber sie war nicht da. Ich fragte mich, ob sie das Programm abgebrochen hatte oder bereits bei Keith gewesen war. Ob die Reihenfolge der Termine etwas zu bedeuten hatte. Anscheinend wurde ich immer mittendrin aufgerufen, was wohl Sinn ergab. Ich faltete meine Hände im Schoß und hielt sie so, dass niemand die Schiene sehen konnte. Früher an dem Tag hatte ich einen Blick unter den Verband riskiert; mein Finger war etwas abgeschwollen, dafür aber dunkellila, an manchen Stellen fast schwarz. Er sah aus wie abgestorben, und ich konnte mir nicht vorstellen, dass er jemals heilen würde. Versuchsweise ließ ich die Hand herabhängen und versteckte sie seitlich hinter mir. Die Empfangsdame rief meinen Namen.

Keith wirkte erfreut, mich zu sehen. Er wollte mir das nicht bloß vermitteln, sondern fühlte es tatsächlich. Nicht viele Leute können den Unterschied erkennen, aber ich schon. Er trank einen Schluck Kaffee und war erfreut.

Setz dich, Ingrid, sagte er und deutete auf den Stuhl. Ich gehorchte. Endlich hatte ich nicht vergessen zu warten.

Wie ist es dir ergangen?

Gut, sagte ich. Ich dachte an meinen neuen Job. Daran, dass ich zwei Mitarbeiterinnen unter mir hatte, die beide viel erfahrener waren als ich. Ich fragte mich, ob ich es ansprechen sollte. Sicher war er ohnehin im Bilde. Nach dem Streit war mir zu meinem großen Ärger klar geworden, dass Mia recht hatte. Wahrscheinlich gehörte das alles zum Programm dazu. Ich wägte noch das Für und Wider ab und überlegte, ob ich die Sache von mir aus ansprechen oder doch lieber abwarten sollte, als Keith meine Gedanken unterbrach.

Ingrid, sagte er. Ich mochte es, wenn er mich mit Namen anredete. *Möchtest du mir irgendwas sagen?*

Ja. Ich holte tief Luft. Ich wollte willensstark klingen und seriös, wie eine kompetente Person, die der Aufgabe gewachsen ist. *Ich wurde befördert.*

Ich weiß, sagte Keith. *Und ich glaube, du weißt, dass ich es weiß. Deswegen frage ich mich, warum du deine und meine Zeit damit verschwendest, statt mir zu erklären, was mit deiner Hand passiert ist.*

Ich blinzelte. Zwischen zwei Schlucken Kaffee sah er mich an. Er war vorausschauend und effizient. Ein Bild der

Vollendung. Ich hob den Arm und legte meine Hand auf den Schreibtisch. Ich wollte ihn schockieren.

Ich habe getrunken, sagte ich, *und dann habe ich mir in einem Türrahmen die Hand zerquetscht.*

Ich sah, wie er die Information verarbeitete, und ganz kurz zuckten seine Augen vor Überraschung. Ich hatte bedächtig gesprochen, nahezu gleichgültig und mit einem Hauch von Verachtung. Mein Tonfall erinnerte mich an meine Mutter, an ihre Schilderungen der furchtbaren Dinge, die sie erlebt hatte, der Opfer, die sie bringen musste, um mich zu bekommen. An den konfrontativen Subtext.

Ich wusste gar nicht, dass du trinkst, sagte Keith. Anscheinend geriet er ins Schwimmen, er lavierte. Ich fühlte mich stark. *Trinkst du viel?*

Nein, sagte ich betont locker, als wären mir seine Fragen egal. *Fast nie.*

Er setzte sich auf. *Dafür muss es doch einen Grund geben*, sagte er hastig, und da wurde mir klar, dass ich ihm etwas geliefert hatte, was sich möglicherweise als Munition verwenden ließ. *Was könnte der Grund sein, Ingrid? Gibt es etwas zu bereuen, hast du im Rausch eine Dummheit begangen? Einen schrecklichen Fehler? Hast du vielleicht das Gefühl, dein Alkoholkonsum könnte aus dem Ruder laufen?*

Ich betrachtete meine Hand, die immer noch auf dem Schreibtisch lag. In meiner Arglosigkeit hatte ich nicht gemerkt, wie unwillkommen das Geschenk war. Ich legte es zurück in meinen Schoß, wo es hingehörte.

Interessant. Keith nickte sich selbst zu. *Das ist alles sehr interessant. Wann hast du damit angefangen?*

Ich zuckte auf eine hoffentlich unbekümmerte Weise die Schultern. *Ich möchte nicht darüber reden*, sagte ich.

Keith wirkte enttäuscht, aber darüber hinaus kein bisschen beeindruckt. Ich versuchte, es mir ganz rational zu erklären. Es war keine große Sache. Ich war ruhig und gelassen und hatte alles im Griff.

Aber ich kann darüber reden, fügte ich hinzu. *Soll ich?*

Ja, bitte, sagte er. *Unbedingt.*

Was sonst. Ich nickte.

Angefangen hatte alles nach einem schrecklichen Tag bei der Arbeit, erzählte ich. *Nach einem Vorfall mit einem Kunden. Ich kann mich nicht mehr genau erinnern, aber die Sache hatte mich furchtbar aufgeregt. Ich habe mitten am Nachmittag das Büro verlassen, bin in die nächste Bar gegangen und habe eine Flasche Wein für mich allein bestellt. Danach konnte ich kaum noch gehen. Ich bin mit dem Bus nach Hause gefahren. Auf dem Oberdeck habe ich mich übergeben. Zum Glück ging es schnell.*

Als der Bus an einer roten Ampel hielt, sah ich meinen Mann auf der anderen Straßenseite an einer Haltestelle sitzen. Ich konnte es nicht glauben. Ich sah, wie er sein Handy herausholte, und Sekunden später klingelte meins. Er rief mich an. Ich wollte rangehen und ihm sagen, dass ich ihn sehen konnte. Aber dann ließ ich es einfach klingeln. Er steckte sein Handy wieder ein und nahm einen Bus in die entgegengesetzte Richtung. Ich schrieb ihm, ich sei noch bei der Arbeit und könne gerade nicht reden. Er antwortete, er treffe sich jetzt mit Freunden und wolle nur hören, wo ich sei. Ich fuhr heim, stellte mich unter die Dusche und ging sofort ins Bett. Ein paar Stunden später kam er nach Hause.

Noch mal, sagte Keith.

Ich räusperte mich und fing noch einmal von vorn an.

Ich hatte seit ungefähr drei Wochen getrunken und es meinem Mann verheimlicht. Ich hatte ihm erzählt, ich müsste länger ar-

beiten oder ich sei krank. Eines Nachmittags gab es einen Vorfall mit einem Kunden, ich weiß nicht mehr, was es war, aber ich hatte mich furchtbar aufgeregt. Ich verließ mitten am Nachmittag das Büro und ging in eine nahe gelegene Bar. Ich bestellte eine Flasche Wein, ein Schinken-Panini und dann noch eine Flasche Wein. Danach konnte ich kaum noch gehen, ich musste mich an Geländern abstützen und neben Mülltonnen ausruhen. Ich fuhr mit dem Bus nach Hause. Nicht mit der Bahn und auch nicht mit dem Taxi, denn in einer Bahn oder einem Taxi zu kotzen, wäre mir irgendwie noch würdeloser erschienen. Im Bus konnte man sich einfach aufs Oberdeck setzen, den Kopf zwischen die Beine stecken und fertig.

Ich gab dem Busfahrer eine Handvoll Münzen und stampfte die Treppe hoch. Mir war schlecht. Es ging ganz schnell. Haferbrotklumpen, rosa Schinkenfetzen. An einer roten Ampel zeichnete ich mit dem Finger einen Kreis auf die beschlagene Scheibe. Auf der anderen Straßenseite befand sich eine Haltestelle, und dort an der Haltestelle saß mein Mann. Ich konnte es nicht glauben. Ich fing an zu weinen.

Ich sah, wie er den Verkehr beobachtete, sich die Brille abnahm und mit dem Hemdsärmel putzte. Ich sah, wie er in seine Manteltasche griff und sein Handy herausholte. Ganz kurz dachte ich, er hätte eine Affäre, und nun war er aufgeflogen. Er hielt sich das Handy ans Ohr, und Sekunden später klingelte meins. Ich hielt es in der Hand, ich wollte unbedingt rangehen und ihm sagen, dass ich traurig und betrunken und auf der anderen Straßenseite war, und würde er bitte rüberkommen und mich einsammeln? Aber ich ließ es klingeln. Er steckte das Handy wieder ein und nahm einen Bus in die entgegengesetzte Richtung.

Ich schrieb ihm, ich sei krank und könne nicht reden. Er antwortete, er sei unterwegs zu Freunden und habe nur fragen wollen, wo ich sei. Ich fuhr heim und legte mich ins Bett. Ein paar Stunden später kam er nach Hause.

Keiths Blick war seltsam gierig. Er sah aus wie ein schlechter Freund, der einen überreden will, etwas Peinliches oder sehr Dummes zu tun. *Noch mal*, sagte er lächelnd. *Noch ein Mal.*

Dies ist eine Geschichte aus der Zeit, als ich mit dem Trinken anfing. Ich hatte seit ungefähr drei Wochen getrunken und es meinem Mann verheimlicht. Eines Nachmittags hatte ich bei der Arbeit ein furchtbares Erlebnis, irgendein Vorfall mit einem Kunden, die Details weiß ich nicht mehr. Ich verließ das Büro mitten am Nachmittag, ging in eine nahe gelegene Bar und bestellte eine Flasche Wein, ein Schinken-Panini und noch eine Flasche Wein.

Danach konnte ich kaum noch gehen, ich musste mich an Schaufenster lehnen und neben Mülltonnen ausruhen. Ich fuhr mit dem Bus nach Hause. Nicht mit der Bahn oder dem Taxi, weil es mir noch unwürdiger erschienen wäre, in der Bahn oder in einem Taxi zu kotzen. Im Bus konnte man sich einfach aufs Oberdeck setzen, den Kopf zwischen die Beine stecken und fertig. Ich warf eine Handvoll Kleingeld in den Trichter und schleppte mich die Treppe hoch. Sobald ich saß, musste ich mich übergeben. Haferbrotklumpen und rosa Schinkenfetzen. Ich war unfassbar traurig. Ich stellte mir vor, wie mein Mann mich in den Arm nahm und mir sagte, alles werde wieder gut.

An einer roten Ampel blieben wir stehen, und ich wischte auf dem beschlagenen Fenster herum. Ich dachte mir nichts weiter dabei, ich zeichnete einfach nur einen Kreis. Ich konnte hindurchsehen, bis zur anderen Straßenseite, wo eine Bushaltestelle war, und an der Bushaltestelle saß mein Mann. Ich konnte es nicht glauben. Ich fing an zu weinen. Ich sah, wie er den Verkehr beobachtete, sich die Brille abnahm und am Ärmel putzte. Er griff in seine Manteltasche und holte sein Handy heraus. Ganz kurz dachte ich, er habe eine Affäre. Er hielt sich das Handy ans Ohr, und Sekunden später klingelte meins. Er rief mich an.

Ich hielt mein Handy in der Hand und machte mir klar, wie dringend ich mit ihm sprechen musste, ich wollte ihn bitten, rüberzukommen und mich einzusammeln. Mich nach Hause zu bringen. Dann würde es mir besser gehen. Aber ich ließ es klingeln. Er steckte sein Handy in die Manteltasche zurück und nahm einen Bus in die entgegengesetzte Richtung. Ich schrieb ihm, ich sei immer noch bei der Arbeit, und er antwortete, er sei unterwegs zu Freunden und habe nur meine Stimme hören wollen.

Ich fuhr nach Hause, duschte und legte mich ins Bett. Er kam ein paar Stunden später. Ich stellte mich schlafend, und er versuchte nicht, mich zu wecken. Aber die Sache ist die ... kurz bevor er in den Bus stieg, sah er zur anderen Straßenseite rüber, und ich schwöre, er hat mich gesehen. Wir haben einander sekundenlang angestarrt, ich vom Bus und er von der Straße aus. Er wusste, dass ich es war, er wusste, ich hatte gelogen, aber er sprach mich nicht darauf an, nie.

Keith war in seinem Sessel zusammengesackt und hielt die Augen halb geschlossen. Ich war außer Atem und mein Gesicht gerötet, fast wie nach dem Beischlaf.

Gut gemacht, sagte Keith und setzte sich auf. *Wir machen hier gute Fortschritte.*

Danke, sagte ich, plötzlich schüchtern.

Du hast mich da auf etwas gebracht, sagte er. *Dein Finger, der Alkohol, der Anruf deines Mannes. Was wir nicht alles tun, um uns selbst zu schaden. Das hängt alles irgendwie zusammen.*

Kann sein, sagte ich.

Den Schaden willkommen zu heißen, ist eines der grundlegenden Prinzipien des Wabi-Sabi, verkündete er. *Haben wir schon*

mal darüber gesprochen, Ingrid? Bist du mit der japanischen Ästhetik des Wabi-Sabi vertraut?
Ja.
Dann brauche ich es nicht noch einmal zu erklären, sagte er nickend.
Ich zögerte. *Ich würde es aber gerne noch einmal hören*, sagte ich.
Ich entspannte die Augen und der Raum verschwamm, während Keith mir darlegte, dass alles aus dem Nichts kommt und wieder im Nichts verschwindet. Es war wie bei einem Meditationspodcast, und ganz kurz schien es, als würde er anschwellen und sich aufblasen wie ein Ballon. Als füllte er gleich den gesamten Raum aus, und ich würde gegen die Wand gedrückt werden und ersticken. Ich blinzelte, und der Bann war gebrochen. Keith saß immer noch am Schreibtisch, ein Mann von normaler Größe. Wenn überhaupt, war er kleiner als in meiner Erinnerung.

~~~~~

Wie sich herausstellte, arbeitete ich gern im Nagelstudio. Der Laden war eng und kühl. Ein langer, festtafelgleicher Tisch teilte den Raum in zwei Hälften, rechts und links davon standen jeweils drei Bambushocker. Im hinteren Teil gab es zwei protzige Lehnsessel und darunter zwei Fußbecken. Alles war weiß, es roch sogar weiß, aseptisch und beißend, nach Chemikalien, die jeden Fleck wegätzen. Jemand hatte sich bemüht, das Interieur durch eine Plastikmonstera und einen künstlichen Farn belebter wirken zu lassen. Am Eingang stand ein kleiner, steinerner Zimmerbrunnen. Wenn ich mich konzentrierte, konnte ich trotz der programmierten Playlist mit kalifornischem Folkpop und austauschbarem Lounge-Gedudel das Wasser plätschern hören.

Manchmal fühlte ich mich im Nagelstudio so entspannt wie damals auf dem Festland, wenn ich mir mit meinen Freundinnen einen Wellnesstag gegönnt hatte. Wir hatten uns in die zur Verfügung gestellten Bademäntel gewickelt, dünne Orangensuppe gelöffelt und bis zur Ohnmacht in der Sauna ausgeharrt. An anderen Tagen war die Atmosphäre stressig und erinnerte an Schönheits-OPs und vaginale Ultraschalluntersuchungen. Beides hatte seine Vorteile. Die Wahrheit lag irgendwo dazwischen; das Studio diente der Selbstoptimierung unter dem Deckmantel der Erholung.

Meine Untergebenen hießen Rosa und Li. Wir kamen gut miteinander aus, beide waren sehr nett zu mir. Ich freute mich, wenn Rosa mich Baby nannte, auch wenn es das Machtgefälle störte, und wenn Li mir Komplimente für meine Haare machte. *So weich*, sagte sie. *Ich möchte mich drin einwickeln*. Wenn nichts los war, kochte ich jeder von uns eine Tasse Kamillentee, und wir setzten uns an den langen Tisch, wo ich ihnen Vorträge darüber hielt, wie sie besser oder wenigstens effizienter arbeiten könnten. Ich betrachtete mich als eine Führungskraft, die sich auch mal *die Hände schmutzig macht* und *den Stier bei den Hörnern packt*, und ich hoffte, dass sie die Sache genauso sahen.

Rosa war schon am längsten im Nagelstudio, deswegen wies sie mich ein. Sie brachte mir die Grundlagen der French Manicure bei und danach Gelnägel, Acrylnägel und zuletzt Nail Art. Mit einem gebrochenen Finger als Maniküre zu arbeiten, war gar nicht so einfach, aber ich kam zurecht. Nach Ladenschluss setzten wir uns in die Pediküresessel, und während wir unsere Füße in mit Lavendelblüten versetztem

Wasser badeten, fragte ich Rosa zur Buchführung und zu den Produktnachbestellungen aus. Sie beantwortete meine Fragen nacheinander und mit geradeaus gerichtetem Blick. Abends sah ich mir in meiner Kabine Lehrfilme auf dem Tablet an, manchmal schickte ich Rosa oder Li eine technische Frage. *Keine Sorge, das hat Zeit bis morgen!*, schrieb ich hinterher, damit sie wussten, dass ich ihre Freizeit respektierte.

Die anspruchsvollere Nail Art erledigte ich persönlich. Zwischen den Schichten übte ich an der Gummihand. Ich nahm einen Zahnstocher und kratzte geometrische Figuren und kleine Illustrationen in den Lack. Anschließend drückte ich einen mit Nagellackentferner getränkten Wattebausch darauf, und mein Werk war verschwunden. Einmal wünschte sich eine von Rosas Kundinnen gelbe Mondsicheln vor einem dunkelgrauen Hintergrund. Ich übernahm, und Rosa erklärte der Frau, sie habe großes Glück, denn ich sei die ranghöchste Mitarbeiterin. Am Ende wirkte die Kundin ziemlich enttäuscht, aber ich war trotzdem sehr stolz auf das Ergebnis. Nach einer Weile entwarf ich eigene Designs. Wüstenlandschaften mit untergehender Sonne, Dahlien-Mosaike. Ich zeigte sie Rosa und Li, die mir zur Grundidee gratulierten und mir dann erklärten, was ich falsch gemacht hatte.

Das Beste an der Arbeit im Nagelstudio war, dass man sich so konzentrieren musste. Wie ein Kameraobjektiv, das auf einen bestimmten Gegenstand gerichtet wird, schien meine ganze Welt sich auf die schmale Krümmung eines fremden Fingernagels zu verkleinern. Die Arbeit war künstlerisch und auch zeitlos, denn ich stand in einer langen Tradition von Künstlern, die auf winzigen Leinwänden malen. Ich stammte von chinesischen Kunsthandwerkern ab, die Muster in knöcherne Pillendosen schnitzen. Von dem Typen, der die *Mona Lisa* auf einen Stecknadelkopf gemalt hat. Wenn ein Design fertig war, lehnte ich mich zurück und atmete tief ein, und da erst kam das Nagelstudio wieder in mein Sichtfeld.

Meine Pflichten als Führungskraft empfand ich als weniger angenehm. Ich hatte nur zwei Management-Module belegt, eins über Entscheidungsfindung und eins über erfolgreiches Delegieren. Letzteres fand ich besonders hilfreich. Statt zu sagen: *Li, wisch bitte den Tisch ab*, sagte ich: *Li, meinst du, du könntest den Tisch abwischen?*, oder: *Li, der Tisch muss abgewischt werden*, und wenn sie die Aufgabe erledigt hatte, lobte ich sie ausgiebig. Doch normalerweise musste ich nie auf solche Tricks zurückgreifen. Rosa und Li taten, was ich sagte, weil ich ihre Vorgesetzte war. Wie eine Hochstaplerin fühlte ich mich nur, wenn eine Kundin mir eine Frage stellte und ich sie verständnislos ansah, bis Rosa oder Li sich einschalteten. Aber unterm Strich wusste ich, warum ich das Nagelstudio leitete und nicht sie: Ich war eine geborene Anführerin.

Weil das Studio nur tagsüber geöffnet war, hatte ich abends fast immer frei. Mia arbeitete in der Pizzeria und Ezra übernahm im Fotostudio oft die Spätschicht, deswegen ergab sich nur selten die Gelegenheit zu einem Treffen. Ich verbrachte viel Zeit allein, ging spazieren oder sah mir im Kino einen Film an. Ich verdiente jetzt minimal besser und konnte mir ein bisschen mehr leisten. Nach einer Weile hatte ich das Alleinsein satt und lud Rosa und Li zum Abendessen ein. Vielleicht könnte ich es zu einer regelmäßigen Einrichtung machen.

Wie wäre es mit einem Abendessen fürs ganze Team?, fragte ich.

Rosa schob einen Mopp vor sich her. Sie tauchte ihn ins Putzwasser, klatschte ihn wieder auf den Boden.

Klar, Baby, sagte sie. *Was immer du willst.*

∼∼∼∼∼

Das erste Team-Essen veranstaltete ich in einer Sushi-Bar, die ich öfters besuchte. Genau die Sorte Restaurant, in die eine kultivierte Person Leute einladen würde, die offenbar weniger kultiviert waren als sie selbst. Wir setzten uns in eine der Nischen. Auf einem Laufband in Schulterhöhe zogen die kissenförmigen Sushi an uns vorbei. Rosa und Li saßen Seite an Seite und ungewöhnlich dicht beieinander, was mir nicht entgangen war. Ich nahm eine der kleinen weißen Schalen und goss Sojasauce über die glasigen Ingwerschnitze und den angegrauten Wasabiklumpen.

Hier, sagte ich und vermischte alles mit Stäbchen, *so macht man das.*

Danke, sagte Li lächelnd. *Ich weiß.*

Ich nahm ein paar Tellerchen vom Band und stellte sie zwischen uns.

Keine Sorge, sagte ich. *Das geht alles auf mich.*

Ich bedeutete ihnen mit einer Geste, sich zu bedienen, und kam mir sehr edel vor. Die Managerin tut ihrem Team etwas Gutes! Wobei das Geldausgeben auf dem Schiff irgendwann seine Bedeutung verloren hatte. Manchmal war ich in den Miesen, manchmal nicht, aber am Ende landete ohnehin alles bei der *WA*. Wenn ich an Land etwas in bar bezahlen musste, machte die Unabänderlichkeit des Vorgangs mich schrecklich nervös. *Wie in einer Anstalt*, hatte Mia einmal gesagt.

Danke, sagte Li. *Das ist sehr nett.*

Rosa bestellte ein Bier, Lia ein kleines Glas Wein. Mir fiel auf, dass keine von beiden sich die Nägel lackierte. Ihre Fingernägel waren nackt und ultrakurz. Als die Getränke serviert waren, stießen sie an und tauschten leicht betretene Blicke aus. Zum ersten Mal kam mir in den Sinn, sie könnten echte Freundinnen sein, und von dieser Erkenntnis fühlte ich mich sofort bedroht. Die Gäste an den Tischen ringsum waren laut und ordinär. Ich spürte das Bedürfnis, mich zu behaupten, irgendwie meinen Status abzusichern.

Also, ich als eure Chefin möchte euch sagen, dass ihr immer zu mir kommen könnt, egal womit.

Hast du schon mal als Führungskraft gearbeitet?, fragte Rosa.

Oder in einem Nagelstudio?, fragte Li.

Ich habe noch nie in einem Nagelstudio gearbeitet, antwortete ich. *Und dies ist mein erster Job in leitender Position. Aber das macht nichts, denn ich bin eine enge Freundin von Keith, und er hat volles Vertrauen in meine Führungsqualitäten.*

Ich glotzte Rosa und Li an. Sie saßen so unglaublich dicht beisammen. Wie böse Zwillinge aus einem Albtraum.

So haben wir das nicht gemeint, sagte Rosa. *Wir finden, du machst das super, Baby.*

Ich hantierte mit dem Sushi herum, an meinen Fingern klebten Wasabi und Sojasauce.

Weißt du, sagte Li, *in der chinesischen Kultur heißt es, man kann die Intelligenz einer Person daran ablesen, auf welcher Höhe sie die Stäbchen greift. Je höher man sie hält, desto intelligenter ist man angeblich.*

Ich betrachtete meine rechte Hand, die sich ums untere

Ende der Stäbchen krallte. Ich saß da wie eine Schülerin, die sich über eine Klassenarbeit beugt.

Das klingt wenig glaubhaft, sagte ich. *Und außerdem sind diese Stäbchen japanisch.*

~~~~~

Ich ging über das Außendeck nach Hause. Der Abend war schwülwarm und wellte sich an den Rändern. Die durch die Reling geflochtenen Lichterketten blinkten, exotische Insekten führten esoterische Balztänze auf. Das Meer sah glatt und glänzend aus, beinahe wie lackiert. Und obwohl ich nach dem Team-Essen kein gutes Gefühl hatte und zu dem Entschluss gekommen war, es nicht zu wiederholen, ging es mir insgesamt ganz gut. Ich lief dieselbe Strecke, die mich normalerweise zu Keiths Büro führte, und plötzlich fragte ich mich, ob ich ihm einen Besuch abstatten sollte. Ich war nicht für den Anlass gekleidet und wahrscheinlich war er um diese Zeit ohnehin nicht mehr da, aber dennoch witterte ich eine günstige Gelegenheit. Vielleicht wartete er nur auf Besuch und würde sich über meine Gesellschaft freuen. Ich versuchte, das Ganze nicht zu zerdenken, und ging weiter Richtung Chefetage.

Vor dem Empfangsraum blieb ich stehen. Keine Lichter brannten, niemand war da. Ich fühlte mich wie eine Diebin, wie ein Eindringling, wie ein Mensch, der wissentlich die Regeln bricht. Unter der Tür zu Keiths Büro stand ein schmaler Lichtstreifen. Ich ging darauf zu und fragte mich, ob ich mich bemerkbar machen und fester auftreten oder ob ich mich anpirschen und ihn überraschen sollte. Ich entschied mich für Letzteres und schlich langsam weiter. Bevor er reagierte, musste ich mehrmals anklopfen. Ich schob die Tür auf.

Hallo?, fragte ich und trat ein. Ich sah an meinem ausgeleierten *WA*-Trainingsanzug hinunter. Jogginganzüge waren auf der *WA* kein ungewöhnlicher Anblick, viele Passagiere trugen sie sogar zu Galadiners. Aber vor Keith fühlte ich mich plötzlich liederlich und unpassend gekleidet, als wäre ich im Pyjama und ohne BH erschienen.

Ingrid, sagte er. Er klang leicht bestürzt, als hätte er vorübergehend vergessen, wer ich war. Während ich mich näherte, musterte er mich mit einer Mischung aus Neugier und Besorgnis.

Darf ich?, fragte ich und streckte die Hand nach der Stuhllehne aus.

Bitte, sagte Keith. *Was machst du hier?*

Ich war zufällig in der Nähe, sagte ich mit einer vagen Geste, *und da dachte ich, ich schaue mal vorbei.*

Ich nahm Platz und fragte mich, ob ich gerade etwas Ungewöhnliches tat. Vielleicht war es in Ordnung und völlig normal, unangemeldet vorbeizuschneien. Vielleicht zählte es zu den vielen Privilegien des Programms. Ich beobachtete Keiths Gesichtsausdruck. Er wirkte wie ein Mensch, der sein gesammeltes Wissen über eine bestimmte Person unter einen Hut zu bringen versucht. Mein Mann hatte mich öfter so angesehen, als ich zählen konnte. Bange wartete ich darauf, dass Keith die Sache mit dem Hut endlich gelang und er mich mit demselben neutralen Desinteresse ansah wie damals mein Mann. Bis dahin machte seine Miene mich nervös.

Nun, das ist ungewöhnlich, sagte er schließlich. *Aber wo du schon einmal hier bist, können wir genausogut was trinken.*

Er griff unter den Schreibtisch und holte eine Flasche heraus, die zu einem Drittel mit einer honigfarbenen Flüssigkeit gefüllt war. Vom Anblick bekam ich einen trockenen Mund. Keith nahm zwei schwere Gläser aus einer Schublade, öffnete die Flasche und schenkte uns ein. Ich fragte mich, was hier vor sich ging.

Japanischer Whisky, erklärte er und hob sein Glas.

Ich wusste gar nicht, dass Johnnie Walker Japaner war, sagte ich.

Ich nahm mein Glas vom Schreibtisch und schloss die Finger um den schweren Boden. Es hatte exakt das richtige Gewicht, um mich zu beruhigen. Ich stellte mir vor, wie ein Bügeleisen über Stoff gleitet, die Falten verschwinden und nichts zurückbleibt als eine heiße, glatte Fläche. Ich sehnte mich danach, nur so viel zu trinken, dass es mich beruhigte. Meine Falten zu glätten.

Ich kann nicht, sagte ich, stellte das Glas zurück und schob es von mir. Keith legte beide Hände flach auf das glänzende Holz und sah mir tief in die Augen.

Ingrid, du wirst Folgendes tun, sagte er. *Du wirst den Whisky trinken und ihn genießen. Mehr nicht. Hast du verstanden?*

Wenn ich in dem kleinen Büro hoch oben auf dem Schiff saß, erschien mir die Distanz, die der Schreibtisch zwischen Keith und mir schaffte, manchmal wie ein unüberwindlicher Abgrund. Aber in dem Moment löste sie sich in nichts auf.

Ja, sagte ich. *Ich habe verstanden.*

Sehr gut.

Ich führte mir das Glas an den Mund und hielt den Blickkontakt. Der Whisky berührte meine Lippen. Er schmeckte scharf und sauer, nach Gewürzen und nach Zitrone, und er brannte in der Kehle.

Gut, sagte er. *Braves Mädchen.*

Ich trank in kleinen, beherrschten Schlucken. Keith selbst trank kaum, er beobachtete mich einfach nur. Das Schiff schaukelte ganz leicht. Ich spürte, wie die Luft sich zusammenzog und wieder ausdehnte. Hinter dem Fenster wogte das dunkle Vinyl des Ozeans. Ich nahm einen weiteren Schluck, behielt die Flüssigkeit auf der Zunge und spürte, wie die Wärme in meine Brust einsickerte.

Nach einer Weile beugte Keith sich vor, bis seine Stirn fast die Tischplatte berührte. Die Hand darunter bewegte sich. Anscheinend kritzelte er mit einem Bleistiftstummel über teuer aussehendes Papier. Er drehte den Kopf zur Seite und starrte ins Leere, und da sah ich, was er zeichnete: meine Hand. Er zeichnete die Hand in meinem Schoß, den gebrochenen Finger in der Schiene. Ich hob sie ihm entgegen und legte sie vorsichtig neben mein Glas, sagte aber nichts, und er sah zwischen Hand und Blatt hin und her und zeichnete in langsamen, rhythmischen Strichen weiter. Als ich ausgetrunken hatte und das Glas zum letzten Mal zurückstellte, richtete er sich auf und ließ die Zeichnung in eine Schublade gleiten. Wir taten beide so, als wäre nichts passiert.

Weißt du, ich habe über dich nachgedacht, sagte er nach einer Weile. *Ich habe Pläne für dich. Für uns alle.*

Wirklich?, fragte ich.

Du wirst schon sehen, sagte er.

Ich nickte und wollte nach der Flasche greifen.

Nein, Ingrid, sagte er leise. *Einer reicht.*

Auf dem Weg zu meiner Kabine dachte ich nicht ans Trinken. Als ich mich bettfertig machte, dachte ich nicht ans Trinken. Als ich im Bett lag und nicht schlafen konnte und der Raum vor und zurück schaukelte, dachte ich nicht ans Trinken. Ich dachte ganz bewusst an gar nichts.

∼∼∼∼

Das Memo kam einen Monat später. Ich hatte einen neuen Termin in der Bordklinik, vermutlich zur Nachkontrolle. Ich war schon öfter in der Klinik gewesen. Einmal wegen einer verstopften Speicheldrüse, die über Nacht zu einem weichen Golfball angeschwollen war. Wegen einer lokal begrenzten Dermatitis, die meinen Bauch mit juckenden Pusteln überzog. Aber nie hatte ich eine Einladung zur Nachkontrolle bekommen. Ich hatte Medikamente erhalten und eine Dosierungsanleitung, und damit war die Sache erledigt gewesen. Vielleicht war ein gebrochener Finger eine ernstere Angelegenheit. Sie mussten sicherstellen, dass meine Arbeitsfähigkeit nicht beeinträchtigt war.

Im Sprechzimmer erwartete mich dieselbe Schwester wie beim letzten Mal, abgesehen davon sah alles vollkommen verändert aus. Statt des glänzenden weißen Untersuchungstischs stand dort jetzt ein kleinerer aus Metall, auf dem unterschiedliche Instrumente ausgebreitet lagen. Der Anblick erinnerte mich an zusammengewürfeltes Besteck bei einem improvisierten Abendessen. Auf der Arbeitsplatte dahinter stapelten sich große Kartons mit dem Etikett *Verbandmaterial*.

Und auch die Schwester wirkte verändert. Statt der Tunika trug sie einen grünen OP-Anzug. Sie begrüßte mich, ohne mir wirklich in die Augen zu sehen. Ich wunderte mich, ob sie krank war oder schüchterner als gedacht oder vielleicht sogar Autistin. Ich setzte mich auf den niedrigen

Hocker neben dem Tisch, rollte den Ärmel auf und zeigte ihr meine Hand. Ich fragte mich, ob es noch weitere Jobs gab, bei denen sich zwei Personen gegenübersitzen und die eine sich um die Hände der anderen kümmert.

Sehr gut, sagte sie. *Sie wissen also, warum wir hier sind?*
Warum?
Wegen der Maßnahme.
Welche Maßnahme?
Sie wirkte verunsichert. *Sie sind wegen des Fingers gekommen, oder?*
Ja, sagte ich. *Er war gebrochen. Ich sollte mich zur Nachkontrolle melden. Die Schiene habe ich entfernt. Ich hoffe, das war okay?* Sie sah mich ungerührt an. *Dann ist es keine Nachkontrolle?*
Nein, sagte sie. *Oh, nein.*
Sie ließ meine Hand los, stand auf und holte etwas von der Arbeitsplatte. Sie kam mit einem laminierten Schriftstück zurück und legte es vor mich auf den Tisch. In der oberen rechten Ecke sah ich Keiths Porträt, oben links das *WA*-Logo. Es handelte sich um einen Rundbrief.

Liebe Crew,

es gibt aufregende Neuigkeiten!
Eines der grundlegenden Prinzipien des Wabi-Sabi lautet, dass alles, und ich meine wirklich alles, aus dem Nichts kommt und wieder im Nichts verschwindet. Das gilt auch für die WA. *Für jeden und jede von euch, sogar für mich. Und wir können das Beste erst dann aus uns herausholen, wenn wir diese Wahrheit akzeptieren.*
Ich lade euch alle zu einer besonderen und feierlichen Geste ein, mit der ihr eure Entschlossenheit und Hingabe unter

Beweis stellen könnt. Die Maßnahme ist eine Gemeinschaftserfahrung, ein Akt der Selbstermächtigung und die Verkörperung von Teamgeist. Sie ist auch eine Uniform, die es euch erlauben wird, die Fackel der WA *in die Welt hinauszutragen. Wir sind die* WA. *Wir!*
Ich glaube an euch, und ich liebe euch alle. Bitte vergesst das nicht, wenn ihr eure Entscheidung trefft.
Arigato,
Keith

Die Maßnahme?, fragte ich. *Was ist das?*

Eine Geste, antwortete die Schwester. *Sie beweist unsere Hingabe.*

Ja, aber wie?, fragte ich.

Sie ist ein Bekenntnis, sagte sie. *Ein Opfer.*

Ja, aber was heißt das?, bohrte ich nach. Meine hohe Stimme klang fremd und gepresst.

Eine Amputation, sagte sie. *Wir amputieren jetzt Ihren Finger.*

Ich sah auf meine Hand hinunter. Dort, wo der Knochen gebrochen war, wirkte die Haut lose und knittrig. Dort am Ringfinger, an den mein Mann mir damals mit zu viel Kraft – unabsichtlich, wie ich vermute – den schlichten Goldring gesteckt hatte. Er nahm sich meinen Finger. Ein weiteres kleines Stück von mir.

Warten Sie, sagte die Schwester mit professionellem Gleichmut. *Ich hole Ihnen ein Glas Wasser.*

Ich schüttelte die Hände aus, nahm die Schultern zurück. Anscheinend zirkulierte gerade eine enorme Menge Adrenalin durch meinen Körper. Ich fühlte mich, als könnte ich jeden Moment hysterisch lachen oder aufspringen und gegen die Wand laufen. Als das Wasser vor mir stand, trank ich es in einem Zug. Das meiste schwappte seitlich heraus und landete auf meinem Schoß. Ich hielt für zehn Sekunden die Luft an und atmete dann unbeholfen und stoßweise aus. Ich verspürte das starke Bedürfnis, in einem warmen, dunklen Raum mit meinen Gedanken allein zu sein. Ich schloss die Augen, was aber nicht ausreichte, also drückte ich mir die Handballen auf die Lider. Ich spielte mit dem Gedanken, mich auf den Boden zu legen. Ich versuchte, es zu verstehen. Eine Geste. Ein Bekenntnis. Eine Amputation. Eine Notwendigkeit, wie anscheinend die meisten Dinge notwendig waren.

Ich dachte an alles, was ich der *WA* bereits gegeben hatte. Ich überlegte mir, was die Alternativen waren, was es möglicherweise bedeuten würde, sich nicht zu bekennen. Ich hatte nichts anderes im Leben. Ich legte eine gedankliche Liste der Leute an, die mich geliebt oder wenigstens rückhaltlos gemocht hatten. Meine Mutter, mein Vater, mein Mann, Ethan, und natürlich Mia und Ezra.

Ich dachte an meinen Mann, wie er mich von der Schwelle aus angeschrien hatte, als ich ihn das erste Mal beim Rauchen überraschte. An meine Mutter im Auto, Regen auf der Windschutzscheibe. Ich dachte an meinen Vater, wie er beim Abendessen die Spaghetti auf die Gabel wickelte. Die Erinnerungen fühlten sich unecht an, wie etwas, das ich nur aus dem Fernsehen kannte. Wie halbwahre Anekdoten. Ich musste daran denken, wie es sich angefühlt hatte, als ein Bruchstück von Mensch durchs Leben zu gehen. An Bord der *WA* hatte ich mich mit Haut und Haar einer Sache verschrieben und es war eine unglaubliche Erleichterung gewesen, wenn auch nur ganz kurz.

Und was heißt das?, fragte ich.

Wir trennen einen Teil Ihres Fingers ab, erklärte sie. *Wahrscheinlich ungefähr dort, wo er gebrochen war.*

Sie zog einen Kuli aus der Tasche und zeichnete sich zu Demonstrationszwecken einen Ring um den Finger, knapp über dem zweiten Fingerglied. Ich rieb mir die Augen, dann griff ich nach dem Glas, um etwas Kaltes zu spüren. *Muss ich einwilligen?*, fragte ich.

Nein, sagte sie. *Nein, das müssen Sie nicht. Es ist nicht verpflichtend.*

Werden Sie es machen?, fragte ich.

Sie schaute beiseite, an die glatte, nackte Wand. *Ich hatte meinen Termin noch nicht*, sagte sie. Anscheinend fühlte sie sich unwohl, fast ein bisschen überfordert. Etwas an ihrer Art löste ein Triumphgefühl in mir aus. Ein Gedanke meldete sich zu Wort, mit sehr leiser Stimme. Ich konnte das. Ich war stark. Ich war erwählt worden. Ich war die Erste.

Erklären Sie mir den Ablauf, sagte ich.

Der Eingriff findet unter örtlicher Betäubung statt. Sie werden nichts spüren. Zuerst wird der betroffene Bereich desinfiziert, anschließend werden Haut, Muskelfasern und zuletzt der Knochen durchtrennt. Der Knorpel wird freigelegt und die Bruchkante geglättet. Zuletzt wird die Haut wieder vernäht. Das Ganze dauert weniger als eine Stunde. Sie stand auf, ging zur Arbeitsfläche und kam mit einem beladenen Tablett zurück, das ich gar nicht sehen wollte. Ihre Miene war grimmig und entschlossen. *Ich werde einen Sichtschutz aufstellen, außerdem bekommen Sie Kopfhörer. Sie werden weder etwas sehen noch hören. Wie klingt das?*

Ich stelle mich da drüben hin, sagte ich und zeigte in die Ecke, die am weitesten vom Metalltisch entfernt war. Ich fühlte mich nicht mehr so sicher wie noch vor ein paar Momenten. *Ich stelle mich kurz da hin und denke nach.*

Ich ging in die Ecke und kehrte dem Raum den Rücken zu. Ich fühlte mich wie der kleine Junge in *The Blair Witch Project*. Ich hörte sie herumklappern und versuchte, das Klappern nicht zu deuten. Ich konzentrierte mich auf das, was ich sah. Wie sich die Arbeitsplattenkante aus meinem Blickfeld krümmte. Die helle, sanft vergilbte Kunststoffwand. Und die ganze Zeit tobte mein Herz in meiner Brust wie ein gefangenes Tier. Unsere Gedanken beeinflussen unsere Gefühle, hatte meine alte Therapeutin gesagt. Ach nee, dachte ich.

Kurze Zeit später verkündete die Krankenschwester, sie sei nun so weit. Sie hatte einen kleinen Sichtschutz errichtet, ein blaues Rechteck aus dünnem Material mit einem Längsschlitz in der Mitte. Ich setzte mich wieder auf den Hocker und schob die Hand durch den Schlitz. Über der Kante des Sichtschutzes schwebten ihre Augen.

Sie erklärte mir, zunächst würde sie mir das Betäubungsmittel spritzen. Ich spürte ein paar mäßig schmerzhafte Nadelstiche und dann eine einströmende Kälte, die sich fast wie Wasser anfühlte. Wir warteten in betretenem Schweigen, dann drückte sie meinen Finger, strich über den Knochen. Sie sagte, sie werde mich piksen, nur um sicherzustellen, dass die Betäubung wirkte. Ich spürte einen Druck, aber keinen Schmerz. Mein Leben wäre viel geradliniger verlaufen, dachte ich, hätte ich immer nur Druck gespürt und keinen Schmerz. *Ich glaube, es wirkt schon*, sagte ich, und die Augen über dem Sichtschutz blinzelten. Wir waren bereit.

Was möchten Sie hören?
Was haben Sie denn da?

Äh, sagte sie. *Wir haben Eric Clapton. Und Madonna. Wir haben Cher. Und Al Stewart.*

Madonna, sagte ich. *Ich nehme Madonna.*

Sie stand auf, kam um den Sichtschutz herum und setzte mir ein schweres Paar Kopfhörer auf. Sie endeten knapp unter meinen Ohrläppchen. Die Schwester tippte auf ihrem Tablet herum, und ich hörte Musik, so laut, dass sie alles andere ausblendete. Ich bat die Schwester trotzdem mit einer Geste, die Lautstärke zu erhöhen. Ich schaute zu, wie sie sich die Hände wusch, Handschuhe anzog und sich eine OP-Maske aufsetzte, und die ganze Zeit dröhnte »Into the Groove« so laut, dass meine Wimpern flatterten. Sie setzte sich wieder an den Tisch und nickte, wie um sich meine Bestätigung einzuholen. Ich nickte ebenfalls. Sie senkte den Blick und machte sich an die Arbeit.

Ich versetzte mich an einen anderen Ort.

Ich konnte ihre schweren, geschwollenen Lider über dem Sichtschutz sehen. Gelegentlich zuckten ihre Augen, die Pupillen zogen sich zusammen. Außerdem konnte ich spüren, dass etwas passierte. Etwas Schlaffes, Flüssiges. Später wurden ihre Bewegungen präziser. Ich konzentrierte mich auf ihre Augen wie auf ein Nagelbett im Studio, auf die fedrigen Fältchen darunter, die winzigen Härchen an den Innenwinkeln. Ich hatte Lust zu summen. Ich fing ganz leise an und steigerte mich dann. Ich fragte mich, ob es sie ablenkte. Ob sie wirklich tun wollte, was sie da tat. Wie viele Menschen auf der Welt taten jetzt in dieser Sekunde genau das, was sie tun wollten? Am Ende stand sie auf. Sie hielt ein dunkles Garnknäuel zwischen den Fingern, aufgerollt wie ein altes Kaugummi.

Fertig, sagte sie.

Spürte ich, dass etwas von mir abgetrennt worden war? Anscheinend merkte ich es nie, wenn ein Teil von mir verschwand, immer erst hinterher, wenn er fehlte.

Darf ich mal sehen?, fragte ich.

Sie nahm sich die Maske ab, ihr Gesicht darunter war grau. *Bitte sehr.*

Ich zog meine Hand durch den Schlitz, und tatsächlich, die obere Hälfte meines Fingers fehlte. Ich fühlte sie nicht, teils wegen der Betäubung, teils weil sie nicht mehr mit meinem Körper verbunden war. Vermutlich würde ich sie wieder spüren, sobald die Betäubung abklang. Wenn sie juckte oder schmerzte, kribbelte oder stach. Ich wusste, mein Nervensystem und mein Gehirn würden eine Weile brauchen, um den Anschluss zu finden. Eine neue Karte der äußersten Gefilde anzulegen, war harte Arbeit. Eine Fingerspitze weniger, die über weichen Stoff streicht. Eine Fingerspitze weniger an meinem Gesicht. O je, dachte ich.

Der Stumpf war flacher als erwartet und mit fünf grotesken Stichen vernäht, fast wie in einer Karikatur. Ich erinnerte mich an meine Stärke. Ich hatte etwas Erstaunliches getan. Jetzt erst fiel mir auf, dass der Faden meergrün war, wie fast alle schlimmen Dinge.

Ich werde Ihnen ein Schmerzmittel mitgeben, sagte die Krankenschwester. *Außerdem müssen Sie die Hand regelmäßig in Salzwasser baden.*

Okay, sagte ich.

Dann sind wir hier fertig, sagte sie und sah mich erwartungsvoll an.

Ich blickte auf die unterbrochene Skyline meiner Hände hinunter. Meine Brust zog sich zusammen, aus vielen Gründen. Plötzlich sehnte ich mich nach einem Drink. Nach hundert Drinks. Ich bin sehr stark, wiederholte ich mir. Das Mantra erwies sich als hilfreich.

Können Sie Keith eine Rückmeldung geben?, fragte ich.

Ja, sagte die Schwester.

Ich betrachtete noch einmal meine Hand, und ein Gefühl kündigte sich an. Auf einmal merkte ich, was ich fühlte: Stolz. Einen kleinen Ruck von Stolz. Ich sammelte meine Gedanken, bevor ich sprach. *Würden Sie Keith bitte ausrichten, dass die Maßnahme meiner Meinung nach nicht freiwillig sein sollte?*

Sie schnaubte und sah dabei auf die kleine Uhr an ihrer Kitteltasche.

Klar, sagte sie. *Ich richte es aus.*

~~~~~

Es war nur ein Finger, sagte ich mir. Und nicht einmal ein ganzer, nur ein kleiner Teil davon. Dennoch gab es Momente, in denen mein Körper beeinträchtigt schien und die Mischung aus Licht, Bewegungen und Luftwiderstand nicht mehr stimmte. Seltsamerweise fühlte die Hand sich ohne den Finger schwerer an als mit. Immerzu beäugte ich den vernähten Stumpf und war überzeugt, dass er sich entzündet hatte, und nun strömten die Bakterien durch meine Adern, und das Gift infiltrierte meinen Körper. Irgendeinen Grund musste das Gefühl ja haben.

Ich bekam zwei Tage frei und verbrachte sie mehr oder weniger schlafend. Manchmal wachte ich auf, stellte mich ans Waschbecken und trank mehrere Gläser Wasser. Oder ich badete den Finger in einer Schale mit warmer Salzlake. Vielleicht machten die Schmerztabletten mich so müde;

denn selbst in den wacheren Momenten hatte ich den Eindruck, nur halb da zu sein und Ereignisse zu vergessen, noch während sie passierten. Manchmal stand ich im Bad und fragte mich, wie ich dort hingekommen war. Jedes Mal, wenn ich die Augen schloss, klammerte ich mich an die vage Verheißung erholsamen Schlafs, aber wenn ich dann aufwachte, fühlte ich mich noch erschöpfter und erholungsbedürftiger als beim Wegdämmern.

Mein Schlaf war von der schlechten Sorte, wenn man sich der Umgebung immer halb bewusst bleibt und die Grenze zwischen Wachen und Schlafen verschwimmt. Ich wusste nicht, ob die Bilder von mir, wie ich in meiner Kabine und auf dem Schiff umherging, Erinnerungen waren oder Träume. Ich fischte in banalen Szenen von sagenhafter Absurdität nach irgendwelchen Indizien dafür, dass ich nur träumte, dass nichts davon wirklich passierte. Trotzdem tat mir der lange Schlaf gut. Er dämpfte die anhaltende Übelkeit, die Furcht.

In klareren Momenten schrieb ich Mia und Ezra und bat sie, mir Essen vorbeizubringen – Müsliriegel, Pistazien, Schinkensandwiches aus der Personalkantine. Ich schaffte es nicht, ihnen zu sagen, was mir zugestoßen war und was auch ihnen bevorstand. Stattdessen erzählte ich ihnen, ich sei krank und hätte Fieber, Übelkeit und Gliederschmerzen, was nicht einmal gelogen war. Wenn sie anklopften, verhielt ich mich still, oder ich rief, sie sollten die Sachen einfach vor die Tür legen. Weitere Erklärungen brauchte es zwischen uns nicht. Sie stapelten die Boxen vorsichtig auf und gingen wieder. Bevor ich das Essen hereinholte, wartete ich immer ein paar Minuten, nur zur Sicherheit.

Am Vorabend meines ersten Arbeitstages setzte ich die

Schmerztabletten ab. Ich wusste, solange ich sie nahm, würde ich nicht mit der gebotenen Präzision arbeiten können. Auf das Gefühl der Klarheit freute ich mich nicht besonders, doch vor dem Schmerz hatte ich seltsamerweise keine Angst. Manchmal sehnte ich mich sogar danach. Ich wusste, der Schmerz war da, er toste unter den Medikamenten und wollte sich bemerkbar machen. Als ich die erste Dosis wegließ, spürte ich eine leichte Wundheit, einen verwässerten Schmerz, der stetig zunahm, und am Ende war meine Hand bleischwer davon.

Anscheinend korrelierte das Ausmaß des Schmerzes nicht mit dem Ausmaß der Wunde. Der Schmerz hatte die Größe einer Waschmaschine oder einer Kuh, während die Wunde höchstens zwei Zentimeter breit war. Ich sah ein, dass ich ohne Tabletten nicht schlafen konnte. Ich starrte die Kabinendecke an und spürte den Schmerz als Pulsieren in meinem Finger.

∼∼∼∼∼

Ich stand früher auf als sonst, weil ich wusste, dass ich für alles länger brauchen würde. Beim Duschen hielt ich die Hand vom Körper weg und war dankbar für die Übung, die ich darin schon hatte. Ich föhnte mir die Haare, schminkte mich, aß einen Müsliriegel und beobachtete mich dabei im Spiegel. Ich würde mich Rosa und Li erklären müssen; alles andere war undenkbar. Ich legte mir die Worte zurecht und fragte mich, wie ich ihnen die Neuigkeit möglichst schonend beibringen und ihnen die Angst nehmen könnte. Schlimmstenfalls würde ich sie trösten müssen.

Als ich ins Nagelstudio kam, saß Li nicht an ihrem Platz.

Rosa war im hinteren Bereich verschwunden und summend damit beschäftigt, die Instrumente zu sterilisieren.

Wo ist Li?, rief ich.

Sie ist weg, antwortete Rosa.

Weg wohin?

Weg, sagte Rosa und kam heraus. *Sie ist von Bord gegangen, kurz nachdem wir angelegt haben. Sie hat dasselbe Memo bekommen wie du, Baby.* Sie nickte in Richtung meiner Hand.

Oh, sagte ich.

Oh, machte Rosa mich mit hochgezogenen Brauen nach.

Ich war die Erste, sagte ich.

Wirklich? Sie legte fast unmerklich den Kopf schief. *Woher willst du das wissen?*

Ich lächelte geduldig. Ich wollte nicht, dass sie sich später für die lächerliche Frage schämte. *Warum ist Li gegangen?*

Rosa verschwand wieder im Hinterzimmer, ich folgte ihr. Per Knopfdruck öffnete sie die leuchtende Klappe des Sterilisators. Raumschiffblaues Glühen wie von einem außerirdischen Objekt. Sie nahm die Utensilien heraus, Nagelfeilen und Hautscheren, Instrumente der körperlichen Gewalt, in weiße Lappen eingeschlagen wie ein Burrito. Ich musste an die Bordklinik denken, an das, was man mir angetan hatte. Ich musste mich selbst daran erinnern, dass ich eingewilligt hatte. Ich hatte die Wahl gehabt. Ich war stark.

Weil sie nicht will, sagte Rosa achselzuckend. *Sie ist jung. Ihr steht alles offen. Wozu sollte sie?*

Aber du lässt es machen?

Nächste Woche, Baby. Schnipp-schnapp.

Sie hob die linke Hand und formte die Finger der rechten zu einer Schere. Ich versuchte, ihren Gesichtsausdruck zu deuten, irgendwo zwischen ernst und irre. Auf einmal wurde mir klar, dass sie niemals Schiffbruch erleiden würde. Sie erinnerte mich an Mia. Wahrscheinlich konnte ich sie deswegen so gut leiden.

Rosa durchquerte das Studio und verteilte die Instrumente.

Ich habe hohe Schulden, sagte sie wie zu sich selbst. Einmal hatte sie mir erzählt, dass sie vor ihrer Zeit auf der WA in der Gastronomie und im Verkauf gearbeitet hatte. Ihre Ersparnisse hatte sie in verschiedene Geschäftsideen investiert. Eine Internetseite für Hochzeitsplanung. Eine Agentur für Location Scouts. Ein Restaurant mit angebundener Farm. Sie hatte viel Pech gehabt. Außerdem hatte sie einen Sohn.

Man spürt fast gar nichts, sagte ich. *Alles findet unter Narkose statt. Und man darf sich die Musik aussuchen.*
Wirklich?
Ja.
Wir sollten jetzt aufmachen, sagte sie.
Ich nahm die Schultern zurück. *Wir sollten jetzt aufmachen*, sagte ich.

Ich entriegelte die Tür und schob mit dem Fuß den Stopper davor. Ich sah mich im Studio um, hell und einladend, ein Ort der Reinigung. Ich schüttelte alle greifbaren Nagellackfläschchen, warf einen Blick in den Terminkalender. Rosa nahm auf einem der Bambushocker Platz, strich sich die Tunika glatt und setzte ein Lächeln auf. Sie legte die Hände flach auf den Tisch. Ihre Nägel waren unlackiert, aber makellos gepflegt.

Welche Musik wirst du hören?, fragte ich.
Keine Ahnung, sagte sie. *Vielleicht Prince.*

~~~~~

In den darauffolgenden Tagen war ich bezüglich der Maßnahme hin- und hergerissen. Der Schmerz schoss mir durch den Arm wie ein Stromschlag, was die Arbeit im Salon sehr erschwerte. Zu meinem Körper hatte ich nie ein sonderlich kompliziertes Verhältnis gehabt; er funktionierte einfach. Er war im Gleichgewicht und mühelos zu manövrieren. Aber nun war auf einer Seite etwas entfernt worden und das Ganze in Schieflage geraten. Ich machte mir Gedanken um die amputierten Finger. Was geschah damit? Wo wurden sie aufbewahrt? Gleichzeitig wurde mir, je mehr Zeit verstrich, die Notwendigkeit der Maßnahme immer bewusster.

Wenn ich jetzt die Hand einer Kundin hielt, verschränkten unsere Finger sich nicht mehr wie zu einem perfekten Apfelkuchengitter; stattdessen entstand eine avantgardistischere Form wie auf einem Bild von Mondrian. Ich konnte nicht anders, als die neue Lücke zu bewundern. Die implizite Vorläufigkeit meines gesamten Körpers. Die Perfektion des Unperfekten. Die Aufmerksamkeit, welche diese Vorläufigkeit erforderte. Mein Körper kam aus dem Nichts und würde im Nichts verschwinden. Wie hatte ich das vergessen können?

Von nun an achtete ich auf alles, was sich von mir löste. Auf die Haare in den Ecken meiner Kabine. Die Halbmonde aus abgeschnittenen Zehennägeln. Sie waren Mahnungen, Zeichen, Talismane. Und sie waren überall. Zum ersten Mal seit langer Zeit fühlte ich mich wach, wirklich hellwach. Keith hatte uns erweckt.

Zum Glück war ich so wach, denn zum Schlafen blieb kaum noch Zeit. Rosa und ich waren im Salon jetzt nur noch zu zweit, und der Strom aus Kundinnen, die verwöhnt und verschönert werden wollten, riss einfach nicht ab. So viele Hände mussten in warmes Wasser getaucht, so viele

Füße eingeölt werden. Während der Maniküre fragte ich unsere Gäste, wie es ihnen auf dem Schiff gefiel und seit wann sie an Bord waren. Sie erzählten von den Speisen, die sie gegessen, den Mitbringseln, die sie gekauft, den Ausflügen, an denen sie teilgenommen hatten, und von ihren vergleichsweise gemütlichen Kabinen. Niemand fragte nach meinem Finger, obwohl natürlich alle etwas bemerkten.

Wir aßen zwischendurch. Mondsichelförmige Mangoscheiben, Joghurt mit Honig, Roggenbrot mit Frischkäse. Wir tranken Kokoswasser und Ananassaft aus Flaschen, die wir im Vorbeigehen aus dem Minikühlschrank neben den Flakons mit dem geronnenen Nagellack nahmen. Wenn der Arbeitstag geschafft war, wischte Rosa stumm das Studio, staubte alle Oberflächen mit einem Filztuch ab und polierte den Rost von den verwinkelten Instrumenten, während ich die Abrechnung machte. Ich verschaffte mir einen Überblick über die Buchungen des nächsten Tages und legte die Termine so, dass wir abwechselnd zur Toilette gehen konnten. Ich kontrollierte alle Utensilien und Hilfsmittel und notierte, was im nächsten Hafen aufgestockt werden musste.

Abends stürzte ich mich ins Programm. Keith hatte mir jede Menge Lesestoff zum Thema Wabi-Sabi mitgegeben. Das meiste davon hatte er selbst geschrieben. Ich machte mir Notizen, und hinterher mailte ich ihm eine kurze Zusammenfassung meiner eigenen Gedanken. Inzwischen waren neue Videotutorials für Führungskräfte veröffentlicht worden, und ich lud sie alle auf mein Tablet. Orientierung und Führung. Konfliktmanagement und Konfliktlösung. Coaching und Mentoring. Selbstbehauptung für Fortgeschrittene.

An den meisten Tagen stand ich früh auf, eilte zum Nagelstudio, kehrte mit Styroporboxen voller Essen in meine Kabine zurück und lernte, bis es Zeit zu schlafen war. Die Erfahrung hatte etwas Auslöschendes. Meine ohnehin nur wenigen Optionen lagen nun völlig ungeschönt vor mir. Doch dass mir die Optionen ausgingen, störte mich gar nicht. Wann immer sich eine weitere verabschiedete, spürte ich nichts als eine kühle, erleichternde Gewissheit. Ich fühlte mich rechtschaffen und ebenso erfüllt wie leer; ich fühlte eine Reinheit, die wohl dem Verhungern ähnelte.

~~~~~

Ezra, Mia und ich hatten einander seit Wochen nicht gesehen, so lange wie noch nie seit unserem Kennenlernen. Sie schrieben immer noch im Gruppenchat, um ein Treffen zu organisieren. Wir versuchten, unsere arbeitsfreien Zeiten in Einklang zu bringen, wie man an einem Zauberwürfel dreht: immer in der Hoffnung auf ein Wunder. Oft reagierte ich erst Tage später auf einen Vorschlag, gelegentlich vergaß ich ihn ganz. Aber manchmal wachte ich mitten in der Nacht mit einem furchtbaren, brennenden, erdrückenden Gefühl von Formlosigkeit auf. Ich hielt die Luft an, saß blinzelnd im Dunkeln und fragte mich, was das sein könnte. Und dann wurde mir klar, dass es nur ihretwegen war. Ich wollte sie sehen.

Ich träumte oft von ihnen. Ich träumte, ich wäre im Zentrum einer Großstadt allein in einer leeren Wohnung. Ich hatte aufwendig gekocht und den Tisch für Mia gedeckt. Oder ich träumte, dass ich im Flugzeug saß, und der Platz neben mir war leer. Es war Ezras Platz. In meinen Träumen wartete ich und nach dem Aufwachen wartete ich weiter, lag reglos im Bett, während mein waches Leben mein Traumleben überschwemmte und nur die Sehnsucht übrig blieb. Irgendwann machte Enttäuschung sich breit, und ich fand mich in meiner Kabine wieder.

Schließlich fanden wir einen Termin, an dem wir alle drei nicht arbeiten mussten. Ich hatte nachmittags frei, eine Lücke von wenigen Stunden. Wir verabredeten uns für das Atrium, eine Lounge voller Samt und Gold. Ich kam als Letzte und sah die beiden schon von weitem. Sie hatten ihre Sessel dicht zusammengerückt, saßen kerzengerade und unterhielten sich ernst. Ein paar Schritte daneben spielte ein Pianist Jazzklassiker. Als ich auf sie zuging, drehten beide den Kopf in meine Richtung, sagten aber nicht hallo.

Hast du Hunger?, fragte Ezra sofort.

Nein, danke, sagte ich. *Ich habe unterwegs was gegessen.*

Wir haben Fischkroketten bestellt, sagte er. *Möchtest du eine Fischkrokette?*

Mia rückte ihren Sessel zurück, um mir Platz zu machen. Ich zog einen flachen Hocker heran und setzte mich in die Mitte. Mias krumme Haltung wirkte defensiv. Sie sah aus wie tief ins Selbstgespräch versunken, verschiedene Emotionen huschten über ihr Gesicht.

Mia, sagte ich zögerlich, *ist alles okay?*

Alles prima, sagte sie und schob ihre Finger in die plüschigen Ritzen des Sessels.

Wirklich?, fragte ich ein bisschen aggressiver als beabsichtigt.

Nein, eigentlich nicht, antwortete sie nach einer Weile. *Nein.*

Sie zog die Finger heraus. Ich brauchte mehrere Sekunden, bevor ich begriff, was sie mir da zeigte, so sehr hatte ich mich an den Anblick meiner eigenen Hand gewöhnt. Als ich Mias sah, war das Verlustgefühl viel tiefer. Ihre Hände hatte ich immer gemocht. Sie waren so klein und geschickt. Ihre Haut war unglaublich weich, scheinbar porenlos. Ein Stück von Mia abzutrennen, erschien wie ein extremerer Akt der Gewalt.

Mir drehte sich der Magen um. Ich betrachtete Ezra, der sich die Hand aufs Knie gelegt hatte und sein Trauma wortlos musterte. Sein Finger war stärker gerötet. Die Wunde war frisch und weniger sauber vernäht, fast so, als wäre das Glied aus dem Gelenk gerupft worden. Ich musste an einen Nachmittag lange vor der WA denken, als ich einen aufwendigen Kuchen für meinen Mann gebacken und dann fallen gelassen hatte. Ich hatte inmitten von Biskuit, Früchten und Zuckerguss am Boden gesessen, den Rücken an die Ofenklappe gelehnt und geweint. Wieder einmal hatte ich alles ruiniert. Ich hielt die Luft an. Ich durfte jetzt nicht weinen.

Und du findest nicht, du hättest uns was sagen können?, fragte Mia mit fester, ruhiger Stimme.

Ich dachte an die vielen Male, als ich mir vorgestellt hatte, wie ich es ihnen erklärte. Ich hatte Worte hin und her geschoben und auf die perfekte Reihenfolge gehofft. Ich hatte mich dafür entschieden, nichts zu entscheiden, das wusste ich selbst.

Willst du nichts sagen? Hast du davon gewusst?

Ich bewegte meinen Hocker, bis ich direkt vor Mia saß. Ich erinnerte mich an das Tutorial zu Konfliktmanagement und Konfliktlösung. Eine Kurve bildete die optimale Performance in Abhängigkeit von Dauer und Schwere des empfundenen Stresses ab. Der Stress unterdrückt die Neubildung von Zellen im Gehirn. Man kann den Stress kontrollieren, indem man unterschiedliche Körperteile kontrolliert. Man kann bewusst atmen. Arme und Beine vollkommen ruhig halten. Ich holte tief Luft und legte mir die Hände in den Schoß.

Alles, sagte ich ruhig, *kommt aus dem Nichts und verschwindet wieder im Nichts.*

Wie bitte?

Alles, wiederholte ich, *kommt aus dem Nichts und verschwindet wieder im Nichts. Auch du. Auch Ezra. Auch ich.* Ich sah ihr in die Augen, entspannte die Schultern und zählte bis fünf.

Was zur Hölle?, sagte Mia ziemlich laut, obwohl sie natürlich sah, dass ich direkt vor ihr saß. Ich konnte sie problemlos hören.

Es dauert eine Weile, erklärte ich. *Aber bald werdet ihr es verstehen.*

Ich stellte mir meine Bewegungen als langsame, selbstgewisse Wellen vor. Ich sah abwechselnd Mia und Ezra an. In meinem Gesicht zuckte kein Muskel. Ohne ein weiteres Wort stand ich auf, ich erhob mich in die kühle Leichtigkeit des Atriums und konnte ungehindert atmen, endlich.

~~~~~

Ich hatte einen weiteren Termin bei Keith. Auch diesmal trug ich Mias Kleid, das merklich zu riechen begann. Ich fischte eine Zitronenscheibe aus einem leeren Mineralwasserglas, zupfte das faserige Fruchtfleisch ab und fuhr mit der Schale mehrmals über den Saum des Kleiderausschnitts. Es erinnerte mich an eine Zeit, als ich noch keine zwanzig war und meine Eltern mir erlaubt hatten, das Wochenende mit einer Freundin zu verbringen. Ein seltenes Zugeständnis, und natürlich hatten sie die Eltern der Freundin vorher gründlich überprüft. Wir besuchten ein Festival, schliefen im Zelt, tranken Alkohol und redeten mit Fremden. Hätten meine Eltern davon gewusst, sie wären ausgerastet. Ich kaufte mir an einem Hippie-Stand ein T-Shirt und trug es für den kompletten Rest des Festivals, und dann noch eine Woche länger, so sehr hing ich an den stofflichen Überbleibseln jener Tage. Ich wusch das T-Shirt erst, als meine Mutter es mir buchstäblich vom Leib riss, und danach war es nicht mehr dasselbe.

Ich beschloss, vor dem Termin noch ein bisschen spazieren zu gehen. Ich wollte die Sonne und das Meer sehen und salzige Luft atmen. Ich schlenderte über eins der Oberdecks. Obwohl der Tag gerade erst begonnen hatte, waren schon ein paar Leute unterwegs. Pärchen knabberten Salzbrezeln, Senioren spielten Shuffleboard. Mir kam ein Mann entgegen, der Schaum von seinem Kaffee leckte. Ich ging an einer Großfamilie vorbei, alle hielten bunt gefärbtes Wassereis in der Hand, das leuchtete wie Halbedelsteine. Wie schön, dachte ich, aufzuwachen und etwas zu essen. Etwas tat sich in meinem Hirn, als würde zähes Fleisch weichgeklopft. Mein Gesicht war von Gischt benetzt, meine Lunge fühlte sich an wie frisch desinfiziert.

Am hinteren Ende des Decks stieg ich eine Treppe hinunter. Auf der Etage darunter war wesentlich mehr los, unter anderem weil es hier einen Pool gab, eher klein, nierenförmig und mit einem aufblasbaren Flamingo in der Mitte. Drumherum lagen jetzt schon Leute auf den Liegen und sonnten sich, es roch stark nach Sonnenmilch.

Die Bar neben dem Pool verkaufte Eis am Stiel und Pisco Sour. Auf dem Tresen standen leere, vom Vorabend übrig gebliebene Gläser, so viele, dass ein paar davon heruntergefallen und auf dem Holzdeck zerbrochen waren. Ich drehte mich noch einmal zum Pool um und entdeckte leere Gläser neben den Liegen, hier und da auch eine zerknüllte Papierserviette. Unter meinen Turnschuhen knirschten Glasscherben. Ich fragte mich, ob ich hier irgendeine Verantwortung trug, ob ich eingreifen und alles zusammenkehren sollte. Stattdessen trat ich den Rückzug in Keiths Büro an, wo mich eine beruhigende Vertrautheit erwartete, eine gleichgültige Empfangsdame und angenehm feste Stühle im Wartebereich.

Ich setzte mich auf den üblichen Platz. Es waren noch zwei weitere Teilnehmer da, aber ich konnte weder Kai sehen noch den Mann mit dem Muttermal. Wahrscheinlich hatten die anderen das Programm abgebrochen. Ich betrachtete meine Hand. Der Anblick war keine Überraschung mehr. Nach kurzer Zeit erschien Keith in der Tür und winkte mich herein.

Ingrid, sagte er. *Wie schön, dich wiederzusehen. Und das legendäre Kleid.*

Danke.

Ich konnte das Holz der Möbel riechen und die Wärme des Tees auf dem Schreibtisch spüren. Ich kam mir vor wie ein Reh im Wald, lauschte auf ein Rascheln oder einen knackenden Zweig. Ich stellte mir Keith ins Gras geduckt vor, seinen mit sanftem Druck auf den Gewehrabzug gelegten Finger.

Ich frage mich, worüber wir uns heute wohl unterhalten werden?
Er sah mich neugierig an.

Ich lächelte. Ich wusste nicht, ob ich die Maßnahme ansprechen sollte. Ich beschloss zu warten, bis er sie ansprach. Ich würde ihm die Führung überlassen.

Würdest du mich gern irgendwas fragen?
Nein, sagte ich. *Da fällt mir spontan nichts ein.*
Interessant, sagte er. *Bist du sicher?* Er hob eine Hand aus

seinem Schoß und legte sie auf den Schreibtisch. *Darüber möchtest du nicht reden?*

Ich sah seinen amputierten Finger. Beim Anblick von Mias und Ezras Händen hatte die Gewalt mich erschreckt. Zerrissene Sehnen, aufgeschlitzte Haut. Aber an ihm wirkte der Finger beziehungsweise das, was davon übrig war, beinahe ulkig. Kein bisschen brutal. Fast irgendwie niedlich. Wie ein Souvenir, das am Schlüsselbund baumelt. Eine kleine Wurst, die in der Pfanne explodiert ist.

Ich war der Erste, der es hat machen lassen, sagte er. *Ich wollte mit gutem Beispiel vorangehen.*

Oh. Sie dauerte nur Sekunden, aber auf einmal spürte ich eine mörderische Wut.

Er spreizte die Finger, hielt sie gegen das Licht. Die Sonne platzte hindurch.

Ich finde, es sieht gut aus, sagte ich, sobald ich mich gefangen hatte.

Ja.

Ich sah mich um und dachte über Männer und ihre Büros nach. Früher hatte ich meinen Mann oft im Büro besucht. Ich überraschte ihn mit einem Salat oder einer selbstgemachten Quiche. Manchmal wühlte ich am selben Abend im Mülleimer und fand dort meine Opfergaben. Welke Salatblätter, geronnenes Ei. Ich fragte ihn, wie ihm das Mittagessen geschmeckt habe, und er sagte: *Köstlich!*

Mein Mann hatte ein ganz ähnliches Büro, sagte ich.

Das bezweifle ich, sagte Keith.

Ich betrachtete abermals meine Hand, dieses Symbol meiner Stärke.

Ist meine Rückmeldung angekommen?, fragte ich.

Welche Rückmeldung?

Wegen der Maßnahme, sagte ich. *Die Krankenschwester meinte, sie sei freiwillig, aber ich fand das falsch. Ich habe sie gebeten, es auszurichten.*

Nein. Er saß absolut reglos und ungerührt da. *Keine Rückmeldung.*

Ganz sicher?

Natürlich ganz sicher, Ingrid.

Ich nahm eine Diskrepanz in der Perspektive wahr, und sie verstärkte sich, je länger wir einander ansahen. Wie bei einem Zoom, nur umgekehrt.

Meine Freunde sind sauer auf mich, sagte ich. *Sie sind sauer wegen der Maßnahme.*

Das überrascht mich kaum. Sie verstehen es nicht.

Aber sie haben es trotzdem machen lassen. Sie haben sich dafür entschieden.

Keine Freundschaft ist perfekt, sagte Keith. *Oder von Bestand. Freundschaften halten nicht ewig, weil nichts ewig ist. Muss ich dir das wirklich erklären?*

Nein, antwortete ich kleinlaut. *Ich weiß.*

Ich konnte sehen, wie frustriert er war. Er griff zu seinem Tablet – ebenfalls gesprungen, wie ich sah – und wischte demonstrativ darauf herum. Ich fragte mich, ob er sich die Fingerkuppen daran schnitt, so wie ich manchmal.

Wollen wir anfangen, sagte er. *Wir haben nicht den ganzen Tag Zeit.*

Ich nickte demütig.

Okay, sagte er. *Dann unterhalten wir uns also über Freundschaft. Ein mangelhaftes Konstrukt, im besten Fall. Hast du eine konkrete Erinnerung an eine schlechte Freundschaft?*

Ich sah mich um, dachte nach, ließ den Blick auf verschiedenen Objekten ruhen. Anders als bei meinem letzten Besuch waren einige davon beschädigt. Ein Bilderrahmen mit Sprung. Ein gerissener Lampenschirm. Es war so beruhigend, dass ich beim Anblick der kaputten Deko beinahe vergaß, warum ich hier war. Aber dann fiel mir die Freundin wieder ein, mit der ich das Festival besucht hatte. Sie hieß Anna.

Ja, habe ich, sagte ich.

Bitte sehr, sagte Keith.

Als ich ein Teenager war, hatte ich eine Freundin namens Anna. Einmal besuchte sie mich am Freitagabend. Meine Eltern hatten Pizza bestellt und einen Film ausgeliehen. Wir durften im Wohnzimmer sitzen. Das war etwas Besonderes. Nach dem Film sahen wir fern. Eine Sendung über einen Verein für ausgesetzte Hunde. Danach kam meine Mutter ins Wohnzimmer, schaltete den Fernseher aus und sagte: Bett. *Einfach so. Ich stand vom Sofa auf und erklärte Anna, dass wir jetzt ins Bett mussten. Wir schliefen Kopf an Fuß. Als wir im Dunkeln lagen, fragte sie, ob ich immer ins Bett gehen würde, wenn meine Mutter es verlangte. Ja, sagte ich. Warum auch nicht?*

Ich schwieg und wartete auf Keiths Kommentar. Irgendwann öffnete er die Augen und fragte: *Und dann?*

Das war's, sagte ich. *Wir sind eingeschlafen. Soll ich noch mal von vorn anfangen?*

Keith wirkte irritiert. *Noch mal*, sagte er. *Noch mal von vorn.*

Ich hatte eine Freundin namens Anna, erzählte ich. *Normalerweise durfte niemand bei uns übernachten, aber bei Anna machten sie eine Ausnahme, weil sie angeblich aus einer guten Familie stammte. Einmal besuchte sie mich an einem Freitagabend. Wir waren ungefähr siebzehn. Meine Eltern hatten Pizza bestellt und uns einen Film ausgeliehen. Wir durften im Wohnzimmer sitzen. Mein Vater hatte im Garten zu tun. Meine Mutter war mit irgendwas in der Küche beschäftigt. Sie ließen uns in Ruhe.*

Nach dem Film fragten wir, ob wir noch ein bisschen fernsehen durften. Durften wir, solange sie über das Programm bestimmen konnten. Sie suchten eine Sendung über einen Verein für ausgesetzte Hunde aus. Danach kam meine Mutter ins Wohnzimmer, schaltete den Fernseher aus und sagte einfach nur: Bett. *Ich stand vom Sofa auf, ordnete die Kissen und wiederholte das Wort für Anna, die anscheinend nichts gehört hatte.* Komm, *sagte ich,* wir müssen ins Bett. *Sie folgte mir die Treppe hinauf. Wir schliefen Kopf an Fuß. Als wir im Dunkeln lagen, fragte sie mich, ob ich mich immer schlafen legte, wenn meine Mutter* Bett *sagte. Ich bejahte. Zu lügen hätte nichts gebracht. Sie hatte ja gesehen, wie es lief.*

Keith runzelte die Stirn und spannte den Kiefer an. Er beäugte mich misstrauisch, legte den Kopf schief. *Wie was lief?*, fragte er nach längerem Schweigen.

Wie bitte? Auf einmal spürte ich Panik.

Sabotierst du ganz bewusst, was wir hier zu tun versuchen? Ist dein Ego so groß, dass du dich nicht einmal für ein paar Minuten unterordnen und einfach mitmachen kannst? Bist du so von dir überzeugt?

Ich wollte etwas antworten, fürchtete aber, in Tränen auszubrechen. Ich biss mir auf die Zungenspitze und krallte die verbliebenen Fingernägel in meine Handballen, bis der Impuls verebbt war. Keith starrte mich über den Schreibtisch hinweg an. Auf einmal wirkte er gleichgültig, fast gelangweilt. Das Meer hinter ihm bewegte sich in trägen Wellen, darüber stand eine weiße runde Sonne. Mir wurde klar, dass ich Keith und all das, wofür er stand, nicht deuten konnte. Er war so riesig und undurchsichtig wie der Ozean. Ich fragte mich, wie lange er mich noch interessant fände. Meine Beine wurden schwer. Das Kleid roch säuerlich.

Keith sah auf sein Tablet. *Ich denke, das reicht für heute. Es tut mir leid. Ich habe derzeit so viel um die Ohren.*

Ich glaube immer noch an dich, sagte er, ohne den Blick vom Display zu heben. *Trotz allem, was heute passiert ist. Ich glaube immer noch, dass du das Beste aus dir herausholen kannst.* Er sah mich kurz an. *Du hast doch nicht vergessen, was ich gesagt habe?*

Ich schüttelte den Kopf und strich den welligen Saum meines Kleides glatt. Er sah mir nicht nach, als ich hinausging.

～～～～

Draußen vor Keiths Büro fühlte ich mich gestrandet, wie abgeworfener Ballast. Ich sehnte mich danach, mich von der *WA* absorbieren zu lassen, zu ihrem Kern vorzudringen, zwischen teuer gekleideten Fremden zu verschwinden. Ein Spektakel, ein Nichts. Ich lief abermals über das Deck mit dem Nierenpool, der jetzt noch verwüsteter aussah. Jede Menge neue Passagiere hatten sich die Hosenbeine hochgekrempelt und hielten die Beine ins milchige Wasser. Der Flamingo war fast komplett in sich zusammengefallen und dümpelte auf der Wasseroberfläche wie eine Haut. Der Pool roch nach Kreide und zu viel Chlor. Die Passagiere waren auffallend unglamourös. Anscheinend hatten sie sich mehr oder weniger aufgegeben. Ihre Kleidung war knittrig und voller Flecken. Ihre Haare waren fettig, kaputtgefärbt oder splissig von zu viel Sonne.

Ich zog meine High Heels aus, setzte mich zwischen die zerlumpten Leute und tauchte die Beine ins Wasser. Ich legte mich zurück und stieß einen tiefen, langen Seufzer aus, halb Gesprächseinladung und halb Aufschrei. Ich konzentrierte meinen ganzen Frust auf meine Hand und ballte viereinhalb

Finger zur Faust. Ich schlug die Faust mit so viel Wucht auf den Boden, dass die weiche Haut an der Handkante zerschrammte. Ich gestattete mir einen weiteren, noch lauteren Seufzer, dann stand ich auf und stieg wieder in meine Schuhe. Ich ging, ohne mich noch einmal zum Pool umzudrehen. Ich wusste, ich hatte niemanden gestört, niemand fühlte sich durch mein Verhalten belästigt. Niemand hatte es bemerkt.

Ich beruhigte mich erst, als ich wieder meine Maniküreuniform trug und in der Wellnessoasenatmosphäre des Nagelstudios saß. Die Nagellackflaschen lagen kühl in meiner Hand. Den Nachmittag verbrachte ich auf den sanften Ebenen fremder Fingernägel. Mit Rosa sprach ich kaum. Ich war dankbar für die weiche Geräuschkulisse. Für das zarte Klirren von Metall auf Glas. Als die letzte Kundin gegangen war, machten Rosa und ich uns stumm ans Aufräumen, anschließend verließen wir das Studio zusammen, aber grußlos.

⁓⁓⁓⁓

Ich wollte Ezra und Mia nicht sehen. Ich wollte ihre Nachrichten cool ignorieren und sie noch eine Weile schmoren lassen. Hin und wieder malte ich mir sogar aus, ein für alle Mal mit ihnen Schluss zu machen. Aber als Ezra mich anschrieb, antwortete ich quasi automatisch; dass ich ihn schneiden wollte, fiel mir erst später wieder ein. Wir schrieben hin und her und vereinbarten, uns später in derselben Woche bei Mia zu treffen und Familie zu spielen.

In Mias Kabine standen zwei Stockbetten, getrennt durch einen schmalen blauen Teppichstreifen. Von der Reling der oberen Betten hingen nasse Handtücher und Pyjamahosen. Der Teppich war mit Lippenstiften und Wattepads übersät.

Mia wohnte unten. Ihren kleinen Streifen Wand hatte sie mit Postkarten, Kunstdrucken und Fotos von Klippen im Meer dekoriert.

Als ich hereinkam, saßen die beiden sich auf dem schmalen Teppichstreifen gegenüber. Ich setzte mich dazu, mit dem Rücken zur Tür, und machte aus der Geraden einen Kreis. Keiner erwähnte den Streit. Stattdessen diskutierten wir sofort über die Prämisse des nächsten Spiels.

Es war eine ganze Weile her, aber niemand hatte seine aktuelle Rolle vergessen. Ezra war dran, die Mutter zu sein, ich war der Vater und Mia das Baby. Wir einigten uns auf ein Szenario, in dem die Mutter von vielen abendlichen Überstunden im Büro erschöpft war und der Vater Schwierigkeiten hatte, daheim in die Gänge zu kommen. Seit ihrem Umzug vor drei Jahren sprachen sie davon, das Wohnzimmer zu renovieren, waren aber nie dazu gekommen. Das Baby aß neuerdings feste Nahrung und musste sich erst noch ans Kauen gewöhnen. Ich zerhackte Bananen- und Aprikosenstücke, während Ezra Mia einen Pulli um den Hals legte und so tat, als säuberte er ihr Gesicht. Ich bot Mia den Teller an, sie zerdrückte unbeholfen ein Bananenstück und leckte es sich dann von der Handfläche.

Ich kann das nicht, sagte sie nach ein paar Minuten. *Ich kann das nicht, wenn du immer noch sauer auf mich bist.*

Ich bin nicht sauer auf dich, sagte ich. *Bist du sauer auf mich?*

Nein, sagte sie, und dann fügte sie etwas energischer hinzu: *Bin ich nicht.*

Okay. Ich nickte. *Dann können wir weiterspielen, oder?*

Mia leckte sich weiter die Handfläche ab. Ich behielt sie im Auge und fragte Ezra, was er von einem warmen Orange oder Terrakotta halten würde.

Orange? Ich weiß nicht, antwortete er. *Das könnte schrill und billig wirken.*

Er faltete ein paar von Mias Kleidungsstücken zu kleinen, weichen Rechtecken und legte sie beiseite. Er nestelte an ihrem Haar, strich die glatten Spitzen glatter.

Okay, wie wäre es mit etwas Dunklerem?, fragte ich. *Flaschengrün oder Marineblau.*

Ich möchte es nicht zu dunkel, sagte Ezra. *Wie würdest du eine neutralere Farbe finden? Einen hübschen Eierschalenton?*

Beige, sagte ich. *Beige ist langweilig.*

Oder Blassrosa? Mintgrün?

Ich hielt Mia einen Aprikosenwürfel an den Mund, und sie schnappte mit den Lippen zu. Ich beobachtete, wie sie daran nuckelte. Sie sabberte ein bisschen. Ich nahm eins der Rechtecke, die Ezra gefaltet hatte, und tupfte ihr den Mund ab.

Hey, sagte er. *Das war frisch gewaschen.*

Ja, aber sie macht eine Schweinerei. Nicht wahr, mein Schatz? Du machst eine Schweinerei, nicht wahr, meine Kleine?

Ich sprach mit hoher, säuselnder Stimme, kniff Mia mit Daumen und Zeigefinger in die Wange und spürte, wie echte Angst und echte Liebe in meiner Brust aufwallten. Fast wünschte ich mir, sie wäre tatsächlich so klein wie ein Baby, und Ezra ebenfalls, dann könnte ich sie überall hin mitnehmen und beschützen.

Wie wäre es mit einer akzentuierten Wand?, fragte Ezra.

Ich fütterte Mia noch ein Aprikosenstück. Es fiel ihr sofort aus dem Mund. Ich holte es aus ihrem Schoß und ließ sie aus meiner Hand essen. Sie schob es sich im geöffneten Mund hin und her und schluckte es dann hinunter. *Mit einer Tapete vielleicht. Das wäre ein bisschen … lebendiger?*

Mia machte einen Quengelton, also gab ich ihr noch

mehr Banane. Sie kaute fröhlich darauf herum, diesmal mit ein bisschen weniger Gesabber.

Tapete? Ich weiß nicht, sagte Ezra. *Immer machst du alles so kompliziert.*

Ich wollte Mia ein weiteres Bananenstück geben, aber da fiel mir auf, dass sie leicht bläulich wirkte. Sie hustete und griff sich an den Hals.

Sie hat sich verschluckt, sagte ich. *Sie hat sich am Obst verschluckt.*

Ezra schob mich unnötig grob beiseite. *Hast du dich verschluckt, mein Schatz?*, fragte er.

Schlag ihr auf den Rücken.

Mia spuckte ein Bananenstück aus, ihr Gesicht lief sehr schnell rot an. Selbst das Weiß ihrer Augen war plötzlich rosa. Sie griff sich weiter an den Hals, ihr wilder, verwirrter Blick jagte durch die Kabine. Ezra klopfte ihr ein Mal auf den Rücken.

Fester, sagte ich. *Du musst fester zuschlagen.*

Er klopfte noch einmal, ein wenig fester, aber Mia hielt immer noch die Luft an. Ezra hatte Tränen in den Augen, er klopfte und klopfte. Langsam wurde mir langweilig. *Weg da*, sagte ich. *Weg!*

Ich schlang meine Beine von hinten um sie, ballte eine Hand zur Faust, legte die andere darum, drückte sie auf Mias Rippenbogen und riss sie an mich. Ein Aprikosenstück flog aus ihrem Mund und landete auf dem Baumwolllaken, das Ezra eben gefaltet hatte. Mia schnappte nach Luft und rollte sich über den Boden, erst hustend und dann lachend.

Ich habe mich wirklich verschluckt, keuchte sie. *Ich habe mich in echt verschluckt. In echt!*

Meine Haut fühlte sich kalt an. *Was?*

Ich habe das nicht gespielt, sagte sie, immer noch hustend. *Ich habe mich in echt verschluckt. Ich hätte sterben können!*

Sie legte sich auf den Rücken, streckte Arme und Beine von sich. *Unglaublich!*, sagte sie. Sie war selig.

Ezra kroch zu ihr. Sein Gesicht war nass von Tränen. Er zog Mias Kopf auf seinen Schoß und schluchzte laut. *Mein Baby*, sagte er und wiegte sie. Seine Tränen tropften ihr ins Gesicht. *Mein armes Baby.*

Ich erhob mich und sah auf sie hinunter. Ezras Wangen waren bleich und nass, Mias rosig und scheckig. Mein Gesicht zuckte vor Abscheu.

Ich gehe jetzt, sagte ich, aber niemand beachtete mich. *Ich sagte, ich gehe jetzt*, wiederholte ich.

Ezra strich Mia weinend die Haare aus dem Gesicht, wiegte sie weiter. Mia sah mich aus blutunterlaufenen Augen an.

Bitte, geh nicht, sagte sie. *Es tut mir leid. Ich möchte hören, wie es dir geht.*

Gut, sagte ich.

Und das Nagelstudio?, fragte sie.

Auch gut.

Und das Programm? Läuft alles mit dem Programm?

Ich musste daran denken, wie ich mich beim letzten Treffen mit Keith gefühlt hatte. Als wäre ich auf hoher See ausgesetzt worden, und nun wusste ich nicht, wohin.

Läuft alles prima, sagte ich. *Da gibt es nichts zu berichten.*

Bist du dir sicher? Mia klang enttäuscht. Ich studierte die bekümmerten Bögen auf ihrer Stirn und fragte mich, ob ihre Sorge echt war. Ob sich Mitleid oder Herablassung hineinmischten.

Ja, sicher, sagte ich. *Warum auch nicht?*

Okay. Wir sind stolz auf dich.

Ich verließ die Kabine und blieb auf dem Flur stehen. Ich hörte sie hinter der Tür murmeln und tat so, als hätte ich meinen Namen nicht gehört.

∼∼∼∼∼

Zurück in meiner Kabine zog ich das Rollo vor dem Bullauge herunter. Die Dunkelheit sollte mich auslöschen. Mein Magen knurrte, ich ließ ihn. Hunger ist nur ein Gefühl, dachte ich. Ein vorübergehender Zustand. Möglicherweise döste ich ein, denn als eine Nachricht auf dem Tablet einging, kam ich leicht verschwitzt zu mir. Mir war ganz kurzfristig ein Tag an Land gestattet worden. Morgen würde ich von Bord gehen.

Ich legte das Tablet wieder auf den Boden und fragte mich, ob ich einen Landgang wollte. Ich legte mir die Hände an den Unterleib, Sitz meiner zahlreichen Bedürfnisse. Ich dachte an die alte Wohnung zurück, an das Leben mit meinem Mann und wie meine Bedürftigkeit mich damals aufgefressen hatte. Sie war mein einziger Antrieb gewesen, aber etwas zu bekommen hatte sich nie so gut angefühlt, wie es zu begehren. Dann wiederum hatte etwas nicht zu bekommen sich angefühlt wie eine beschissene Katastrophe. Ich muss besser sein, dachte ich. Ich muss gut sein. In Gedanken wiederholte ich den Refrain. Ich muss besser sein. Ich muss gut sein. Manchmal meldeten sich Stimmen aus meinem vergangenen Leben, aber ich erstickte sie, indem ich noch lauter und noch nachdrücklicher dachte. Ich muss das Beste aus mir herausholen. Das Allerbeste. Irgendwann schlief ich ein. Als ich wieder aufwachte, war mein Pyjama klatschnass.

LAND

Der Morgen war warm, der Wind jedoch überraschend kühl, und so fühlte die Luft sich fiebrig an. Es roch stark nach Fisch, und der Gestank erinnerte mich an buchstäblich alle Orte, an denen ich je gewesen war. Ich drückte mir einen Handballen an die jetzt schon schweißnasse Stirn, wischte ihn mir an der Trainingshose ab und ging weiter. Vor mir erhoben sich zwei hohe Betongebäude mit einer schmalen Straße dazwischen. Ich bildete mir ein, dass ich, wenn ich die Klaustrophobie der grauen Gasse überwand, auf der anderen Seite mit etwas Wichtigem belohnt würde.

Ich ging hindurch, frierend und einsam, und fand mich auf einem von Partyzelten und Tapeziertischen gesäumten Parkplatz wieder. Auf den Tischen türmten sich Second-Hand-Klamotten, Obst und Gemüse, dazu gab es antike Postkarten und anderes sinnloses Zeug. Ich sah an mir hinunter auf meine schweißfleckige Trainingshose und meine Turnschuhe. Ich ging zu einem Tisch und zog wahllos irgendwelche Teile aus dem Haufen, bevor mir wieder einfiel, wer ich sein wollte. Eine Person, die gezielt vorging und sich von Pragmatismus und Logik leiten ließ. Eine Person ohne Ecken und Kanten. Ich würde mir in aller Ruhe ein

Outfit zusammenstellen und dabei das Wetter, die für den Tag geplanten Unternehmungen sowie die Farbpalette der Einheimischen berücksichtigen.

Der Händler wog meinen Einkauf, indem er ihn in eine Art Wäschekorb auf einer Küchenwaage legte, dann stopfte er ihn in eine Plastiktüte. Ich bezahlte, nahm den Fischzug an mich und sah mich auf dem Parkplatz um. Junge Familien schoben sich langsam zwischen den Ständen durch. Verkäuferinnen hielten Früchte hoch und drückten sie, um ihre Reife zu demonstrieren. Alle waren sehr bei der Sache. Mein Bauchgefühl riet mir, etwas zu frühstücken. Ich hatte mir geschworen, frühestens ab dem Mittag zu trinken. Aber ich musste trotzdem etwas essen, und das bildete zumindest die Basis einer Tagesstruktur.

Ich ging auf einem Umweg zu der langen, breiten Straße zurück, die sich am Ufer entlangzog. Die Küste war mit Palmen gestrichelt, seltsam moderne Häuser bohrten sich in den Fels wie Fangzähne. Ich rätselte über den Zweck eines wellenförmigen Gebäudes, ein anderes sah aus wie ein riesiges Stück Toblerone. Der Tag würde heiß und sonnig werden und auf der Straße herrschte jetzt schon so dichter Verkehr, dass ich mich fühlte wie am Rand eines Canyons. Ich verschwand in einer öffentlichen Toilette, um mich umzuziehen. Die neuen Sachen legte ich auf den geschlossenen Klodeckel. Schlichtes weißes T-Shirt. Tomatenroter Sweater. Eine Jeans mit vielen Reißverschlusstaschen. Blaue Sneaker. Eine Segeltuchtasche mit aufgedruckten Comic-Erdbeeren. Die Jeans bekam ich nicht ganz zu, sodass ich den Sweater weit hinunterziehen musste, aber alles in allem war ich mit dem Ergebnis zufrieden.

Draußen hatte ich von der Uferstraße schnell genug. Ich

bog in eine Seitengasse ein und kam an einem Computerladen, einem chinesischen Supermarkt, einem Buchantiquariat und einer rund um die Uhr geöffneten Apotheke vorbei. An Land zu sein, hatte einen noch stärkeren Depersonalisierungseffekt als sonst. Die Menschen wirkten echt und unecht zugleich, als hätte ich sie schon einmal im Fernsehen gesehen. Ein Mann mit blau-weiß gestreifter Tasche. Eine Frau in einem Pflegerinnenkittel. Ich versuchte, mir ihren Lebensfaden vorzustellen und welche Strecke sie allein an einem einzigen Tag zurücklegten. Der Gedanke war ermüdend. Mein Leben war so klein wie ein winziger Rucksack mit wenig Inhalt, den ich überallhin mitnehmen konnte.

Ich versuchte, möglichst nah an den Schaufenstern zu gehen und wandte mich von den Entgegenkommenden ab. Ein Maklerbüro. Eine Bäckerei. Ein Geschäft nur für Ahornsirup. Ich blieb stehen, schwelgte im süßen Butterduft und bewunderte die zu adretten Reihen angeordneten Waren in der Auslage. Ahornsirupbonbons, Ahornsirupbutter. Mit Ahornsirup überzogenes Popcorn. Es gab sogar kleine beige Teddybären in T-Shirts mit Ahornblattmotiv. Der Anblick erschien mir bizarr, bis mir wieder einfiel, dass ich in Kanada war.

Ich blieb vor dem einen oder anderen Diner stehen und sah mir die Speisekarte an. Überall gab es im Grunde nur zwei Gerichte, Rührei oder Pancakes. Ich entschied mich für den größten und belebtesten Laden, wo ich anonym sein konnte. Die Kellnerin führte mich zu einem hohen Gruppentisch, reichte mir die Karte und entfernte mit dem Daumen einen eingetrockneten Ketchupklecks von der Tischkante. Ganz kurz spielte ich mit dem Gedanken, die Zunge herauszustrecken und daran zu lecken.

Die Kellnerin verschwand und kam sofort wieder zurück, ich bestellte Eier und Tee. *Heißen Tee*, sagte ich. *Sehr heiß.* Sie brachte mir einen Becher, ich legte die Finger darum und überlegte mir, dass Wärme die Muskeln entspannt. Vielleicht könnte dieser kleine, warme Becher mich entspannen. Ich hatte mich fast selbst davon überzeugt, als eine Frau hinter meinem Rücken vorbeiging und mich versehentlich mit dem Ellenbogen streifte. Ich zuckte zusammen und dachte: Ich will einen Drink. Wein. Bier. Trockenen Martini. Ich hätte alles genommen.

Kurz darauf wurden die Eier gebracht. Ich stocherte mit der Gabel darin herum, sie waren vanillegelb, schwer und fluffig. Ich gab Meersalz und schwarzen Pfeffer darüber und trennte ein kleines Dreieck heraus. Rum, dachte ich. Ein Rumcocktail mit einem Schirmchen. Ja. Nein.

Neben mir saß ein rotwangiger Mann in Bürokleidung. Er zog eine Zeitung aus einer Ledertasche, die er quer über der Brust trug, und breitete sie vor sich auf dem Tisch aus. Das Papier kitzelte immer wieder meinen Arm, aber die Berührung war nicht unangenehm. Ich musterte ihn von der Seite. Ein Anzugträger liest Zeitung. Früher hatte es eine Zeit gegeben, in der mich nichts stärker motiviert hatte als zeitunglesende Männer im Anzug. Ich wusste, welche Kleider ich kaufen und welche Bars ich besuchen musste. Ich wusste, was man sagte, und was nicht. Ich wurde immer besser darin. Ich erteilte meinen Freundinnen Ratschläge, und sie hörten zu und waren hingerissen. Wie selbstzufrieden ich meinen Erfolg auskostete, als ich ihnen meinen zukünftigen Mann vorstellte, eine Hand an seinem Ellenbogen. Ich gewöhnte mir an, in der ersten Person Plural zu antworten. *Nächstes Wochenende haben wir keine Zeit. Wir schauen gerade diese Serie. Neuerdings kochen wir öfter mexikanisch!* Als ich an Bord der *WA* ging, musste ich mir die erste Person Singular erst wieder antrainieren, und trotzdem passierten mir Ausrutscher.

Ich riskierte noch einen Blick. Die Schlagzeilen seiner Zeitung ergaben keinen Sinn, und ich versuchte nicht einmal, sie zu verstehen. Stattdessen strich ich mir die Haare hinters Ohr und betrachtete mein Spiegelbild in der Fensterscheibe. Ich entspannte meine Gesichtsmuskulatur und ließ meine Züge weicher werden, wie immer, bevor ich einen Mann ansprach. Ich trank ein Schlückchen Tee und drehte mich halb in seine Richtung.

Worauf warten Sie?, fragte ich.

Tut mir leid, sagte er. Er wirkte verärgert. *Ich weiß nicht, wovon Sie reden.*

Na ja, warten Sie auf etwas Besonderes? Ich versuchte es mit einem Lachen. *Pancakes? Speck?*

Proteinteller, sagte er, ohne von der Zeitung aufzublicken. Ich erwog, sie neckisch beiseitezuschieben und etwas Kokettes zu sagen. *Lesen Sie doch lieber mich!*

Was ist ein Proteinteller?, wunderte ich mich laut. Ich erinnerte mich, dass Anzugträger es liebten, wenn man ihrem Weltwissen den Vortritt ließ.

Was glauben Sie?, sagte er. *Ein Teller mit einem Frühstück, das reich an Proteinen ist.*

Die Kellnerin näherte sich von hinten, schob einen langen, schlanken Arm zwischen uns durch und stellte eine flache Schale mit knusprigem Speck, aufgeschnittener Avocado, Süßkartoffeln und schwarzen Bohnen auf den Tisch. Als sie wieder ging, drehte der Mann sich um und musterte sie unverhohlen von oben bis unten.

Das hier, sagte er, drehte sich zurück und zeigte auf sein Essen.

Er griff zu Messer und Gabel und zerteilte eine angeschwärzte Speckscheibe.

Lecker?, fragte ich.

Hm-hmm, machte er kauend.

Ich überprüfte mein Aussehen in der Fensterscheibe. Ich war ungeschminkt. Meine Augen wirkten konturlos und die Nasolabialfalten waren ausgeprägter, als ich sie von der letzten gründlichen Selbstbetrachtung in Erinnerung hatte. Der Mann gabelte ein paar Bohnen auf und starrte kauend geradeaus. Ich reckte das Kinn vor und nahm all meinen Stolz zusammen.

Ich bin nur für einen Tag in der Stadt, sagte ich. *Wenn Sie mich heute Abend um dreiundzwanzig Uhr hier treffen, könnten wir zu Ihnen nach Hause gehen und alles Mögliche machen.*

Er aß ein Stück Süßkartoffel, tupfte sich die Mundwinkel mit der Serviette ab.

Verstehen Sie, was ich meine?, fügte ich hinzu.

Sie brauchen nicht heute Abend um dreiundzwanzig Uhr zu sagen, gab der Mann zurück und fuchtelte dabei mit der Gabel. *Es reicht, entweder das eine oder das andere zu sagen.*

Ich senkte den Kopf und sah ihn mit einem Augenaufschlag an. Wirkte ich heißblütig? Ich wusste es nicht mehr. *Verstehen Sie, was ich meine?*, wiederholte ich, ein wenig ernster diesmal.

Ja, ja, dreiundzwanzig Uhr, sagte er. *Dreiundzwanzig Uhr abends. Vielleicht werde ich da sein.*

Ich legte meine Gabel und mein Messer zusammen und verließ das Diner, ohne mich noch einmal umzusehen. Draußen ging ich an dem Fenster vorbei, hinter dem der

Mann saß. Ich fragte mich, ob er sich die Mühe machen und aufkreuzen würde. Ob ich draußen im Tageslicht besser aussah.

Ich lief ziellos umher und überlegte mir, wie viel leichter mir das alles fallen würde, könnte ich etwas trinken. Der Alkohol verschaffte mir einen Zugang zu meinen Instinkten. Er legte meine Impulse frei. Durch ihn wurde eine Straße zu einem Geschenkband und ein Tag zum Event. Ich legte eine gedankliche Liste der Dinge an, die andere Leute so machen. Sie setzen sich in ein Café und bestellen Croissants. Sie essen Rühreisandwiches mit Kresse und gehen wandern. Sie sitzen im Whirlpool und reden über das Tagesgeschehen. Als mir nichts mehr einfiel, steuerte ich die erstbeste Bar an.

Für meinen Geschmack war die Einrichtung ein bisschen zu dekadent. Unter der Decke hingen Lichterketten und zwischen den Lichterketten eine unbewegliche Discokugel. Ich sah einen ausgestopften Hirschkopf an der Wand und Bankierlampen auf länglichen, hohen Tischen. In dieser Bar war alles teuer, selbst die Cola, weil sie mit einem Hauch Zitrone und in einer Vogeltränke von Glas serviert wurde. Die Cola schmeckte stark und nach Sirup. Fast hätte es funktioniert.

Ich setzte mich an einen Tisch möglichst nah am Fenster, wo ich den Fußgängern Rechenschaft ablegen musste. Ich nippte Cola, sah hinaus und katalogisierte die Farben ihrer Kleidung. Altrosa. Kanariengelb. Himmelblau. Von der Farbschwemme war ich so überwältigt, dass ich Ezra im ersten Moment nicht erkannte. Er trug eine Jeanslatzhose und ein cremeweißes Shirt und hatte sich die Baseballkappe tief in die Stirn gezogen.

Das Bild stand mir sekundenlang vor Augen, bevor ich

begriff. Ich ließ das halb volle Glas stehen und rannte nach draußen. Er drehte sich um, als ich seinen Namen rief, ich lief zu ihm und schlang meine Arme um seine Taille. Als ich mich losmachte, wirkte er leicht erschrocken, gab sich aber große Mühe, es zu verbergen. Er hielt eine braune Papiertüte hoch. *Ich war shoppen.*

Shoppen?, wiederholte ich. Ich war so erleichtert, ihn zu sehen. Der vergangene Abend schien beruhigend fern.

Ja, sagte er. *Shoppen.*

Was hast du gekauft?

Teller. Und eine Art Heilkristall.

Warum hast du Teller gekauft?

Keine Ahnung, sagte er und schwang die Tüte vor und zurück. *Sie waren im Angebot.*

Ich umarmte ihn noch einmal, er stützte das Kinn auf meinen Scheitel. Zum ersten Mal waren wir gleichzeitig an Land. Ich dachte an Mia, an das, was sie denken würde, wenn sie uns jetzt sehen könnte. Ich nahm Ezra bei der Hand und zog ihn zur Bar.

Komm, sagte ich, *lass uns was trinken.*

Ich bestellte eine zweite Cola und Ezra ein Glas Milch. Falls der Barkeeper sich wunderte, war ihm nichts davon anzumerken. Er servierte Ezra die Milch in einem hohen Glas mit viel Eis und einem mattschwarzen Rührstäbchen. Ezra nahm das Glas vom Tresen und rührte in der Milch, als hätte er nichts anderes erwartet. Wir setzten uns in eine Tischnische.

Nett, sagte Ezra.

Ganz okay, sagte ich. *Wie seltsam, dich hier zu sehen. Fühlt sich fast an, als wäre es verboten.*

Ist es aber nicht, sagte er. *Oder?*

Ich glaube, es ist erlaubt. Ich trank einen Schluck Cola. Mir taten jetzt schon die Zähne weh. Ich fragte mich, ob ich einen richtigen Drink bestellen sollte. Einen einzigen, und danach wäre Schluss. Es war fast schon Mittag. *Hattest du in diesem Jahr viel Urlaub?*

Ein paar Tage. In Portugal und in Guatemala. Und du?

Spanien, sagte ich. *Und jetzt hier.*

Ich zerrte am Hosenbund meiner Jeans, zog den Bauch ein und versuchte, den Knopf durchs Knopfloch zu schieben. Je mehr ich mich bemühte, desto fahriger wurden meine Bewegungen. Ich wollte Ezra nach Mia fragen, ich wollte wissen, was sie gesagt hatte, als ich gegangen war. Was sie beide über mich gesagt hatten. Wie sie über mich dachten. Ezra war mit der Tischplatte beschäftigt und studierte die Maserung im Holz. Ich musste wieder ans Trinken denken. An den einen Drink. Ich würde einen einzigen bestellen, nur um mich zu beruhigen, und dann meinen Tag fortsetzen.

Ich gehe noch mal an die Bar, sagte ich. *Möchtest du noch etwas?*

Ezra hob das leere Glas. *Noch eine.*

Ich kam mit einem Glas Milch für Ezra und einem Whiskycocktail für mich zurück. Ich ließ das Eis im Glas klirren und nahm einen langen, langsamen Schluck. Ich spürte den Drink an den Innenseiten meiner Unterarme, und außen an den Rippen. Er fühlte sich an wie eine steigende Flut. Ich entspannte mich.

Es ist noch ziemlich früh, sagte Ezra mit einem zögerlichen Lächeln.

So mache ich das immer an Land, erklärte ich. *Ich gehe was trinken.*

Sieht dir gar nicht ähnlich.

Stimmt. Ich zuckte die Achseln. *Normalerweise trinke ich bis zur Besinnungslosigkeit.*

Ezra sah mich in mildem Entsetzen an und verdaute die Information. Es war tröstlich, so gesehen zu werden. Zum ersten Mal seit langer Zeit fühlte ich mich geborgen. Ezra war jemand, der die Menschen nahm, wie sie waren. Er verlangte nie mehr als das.

Mia kann sich glücklich schätzen, dich zu haben.

Soll das ein Witz sein?, fragte er. Ich wusste nicht genau, wie es gemeint war.

Ich stellte mir die beiden als Kinder vor, dann als Jugendliche, zuletzt als Erwachsene. Einmal hatte Mia mir erzählt, sie habe zwei kleine Hunde besessen. Als sie auf der WA anheuerte, gab sie sie zu ihren Eltern. Die Eltern waren Biologen, sicher kannten sie sich mit Hunden aus.

Wie haben deine Eltern sich kennengelernt?, fragte ich.

Keine Ahnung. Im Labor vielleicht? Was ist mit deinen?

Hm. Ich glaube, ein gemeinsamer Freund hat sie verkuppelt. Ich wollte nicht über meine Eltern reden und bereute, das Thema aufgebracht zu haben. Ich wollte einen Schluck von meinem Cocktail trinken, aber das Glas war leer. *Ich hole uns noch was*, sagte ich.

Soll ich auch einen Drink bestellen?, fragte er ein bisschen schüchtern. *Ich meine, einen Drink wie deinen?*

Absolut, sagte ich. *Ich bringe dir einen mit.*

Am Tresen bestellte ich zwei Whiskycocktails und zwei Wermut. *Ist das dein kleiner Bruder?*, fragte der Barkeeper, als er den Wermut in Schnapsgläser goss.

So ähnlich, antwortete ich.

Wir saßen in der Nische, tranken die Cocktails und spülten mit Wermut nach. Ich ging noch einmal zum Tresen und holte uns zwei kalte Bier. Mit Bier fühlte Ezra sich wohler. Überhaupt schien er sich recht wohlzufühlen. Seine Gesichtszüge waren weniger fest, auf sanfte Art veränderlich, wie ein Tonklumpen. Alles an ihm wirkte flüssig und entspannt auf eine völlig neue Weise. Ezra war ein eher gemütlicher Mensch, aber normalerweise wirkte seine Gemütlichkeit naiv, wie die eines Kindes, das erfährt, dass es zukünftig zwei Mal Geburtstag und zwei Mal Weihnachten feiern wird und dabei den größeren Rahmen, die Scheidung seiner Eltern, nicht begreift. Aber das hier war anders. Auf einmal bewegte er sich, als fühlte er keine Widerstände mehr.

Hast du dich für die WA *entschieden oder Mia?*, fragte ich.

Mia, sagte Ezra mit einem Schaumkreis um die Lippen. *Ich hatte eine Freundin und einen Job an einer Schule. Aber ich konnte sie nicht allein gehen lassen.*

Warum nicht?

Warum nicht? Ganz kurz runzelte er die Stirn, dann sank er in die Entspannung zurück. *Was glaubst du?*

Mit halb geschlossenen Augen legte er sich eine Hand an den Hals. Ich musste unbedingt wissen, woran ich bei Mia war, aber noch bevor ich ihn fragen konnte, war er aufgestanden und zur Toilette gegangen. Ich sah ihm nach, er schwankte ganz leicht, fing sich aber schnell wieder.

Als er zurück war, schlug ich ihm vor, wir könnten uns die Beine vertreten und uns irgendetwas ansehen. Oder weiter shoppen. Ezra schien der Vorschlag zu gefallen. Er brauchte eine Kerze, und so war das Tagesziel gefunden.

Wir besuchten sehr viele Läden. Riesige Kaufhäuser und kleine, inhabergeführte Einrichtungsgeschäfte. Wir schnüffelten an hohen Säulenkerzen und bunten Teelichtern. Manchmal leckten wir sogar am Wachs und stellten fest, dass die Kerzen keineswegs nach Basilikum, Gewürzrum oder duftiger Leinenwäsche schmeckten, sondern nur nach Wachs. Unterwegs kehrten wir immer wieder in Bars ein. Mal bestellten wir Pale Ale und Plastikkörbe voller Junkfood, mal standen wir am Tresen und kippten Shots in Neonfarben.

Beim Einkaufen dachte ich wehmütig an meine Zeit im Geschenkeshop zurück. Immer schon hatte ich Läden geliebt. Die Ordnung, die harmlose Schlichtheit. Meinen ersten Job hatte ich in einem Laden gefunden, einer Boutique. Das war während des letzten Schuljahrs gewesen. Wenn ich nach der Arbeit nach Hause kam, saßen meine Eltern im Wohnzimmer vor dem stummgeschalteten Fernseher und warteten schon auf mich. *Wie war es?*, fragten sie. *Hast du mit jemandem geredet? Hat irgendwer nach deinem Namen gefragt? Ist dir jemand nach Hause gefolgt?*

Ich liebte meinen Job. Dieses Gefühl von Kompetenz. Ich lief auf der nüchternen Verkaufsfläche hin und her, riesige Stoffbündel über dem Arm, und rief: *Ich sehe mal schnell nach, ob wir es noch im Lager haben!* In der Mittagspause ging ich in einen Schnellimbiss meiner Wahl, bestellte einen Milchshake und einen Cheeseburger, setzte mich ans Fenster und beobachtete die Passanten. Dann eines Nachmittags rief die Filialleiterin an und sagte, sie bedaure sehr, dass ich nicht mehr dort arbeiten würde. *Tut mir leid*, fragte ich dazwischen, *bin ich entlassen?* Sie wirkte verwirrt. *Dein Vater hat heute angerufen und mir mitgeteilt, dass du kündigst.* Ich lief nach unten, wo meine Mutter mich schon erwartete. *Das ist zu gefährlich*, sagte sie. *Du solltest dich nicht so viel in der Stadt herumtreiben.*

Schließlich fanden wir eine Kerze, die Ezra gefiel. Sie roch nach Kaminfeuer. Nach einem Wohnzimmer am ersten Weihnachtstag. Wir hielten sie abwechselnd, nahmen tiefe Züge und versuchten, Erinnerungen heraufzubeschwören, die wir nicht hatten.

Du weißt aber schon, dass offenes Feuer in den Kabinen verboten ist, oder?, fragte ich, als wir den Laden verließen.

Nein, das wusste ich nicht, sagte Ezra, und wir rempelten einander kichernd an.

Draußen hatte die Sonne nachgelassen. Spätnachmittägliches Licht, körnig und verwaschen. *Was machen wir jetzt?*, fragte ich aufgeregt.

Wir gehen ans Meer!, rief Ezra und lief voraus.

Wir schlenderten an hohen Gebäuden und gepflasterten Plätzen vorbei. Unterwegs kauften wir in einem Schnapsladen eine Flasche Wodka in einer braunen Papiertüte. Im Hinausgehen sah ich, wie Ezra eine Handvoll rote Lakritzstangen vom Tresen in seine Tasche wischte. Es dämmerte, wir gingen weiter und tranken den brennenden Wodka abwechselnd aus der Flasche. An einem hufeisenförmigen Hafenbecken blieb Ezra vor einer aufgespannten Eisenkette stehen. Sie war eher symbolisch als ein echtes Hindernis. Er stieg darüber und wäre beinahe hingefallen.

Ezra!, rief ich. Ganz kurz hatte ich Mias Gesicht vor Augen. Ich schob den Gedanken an sie beiseite und stieg über die Kette.

Ezra lief an der Hafenkante entlang, wo Boote mit Namen wie *Lovely Maud* und *Daddy's Little Girl* festgemacht lagen. Fröhlich las er mir jeden einzelnen vor. Das Wasser sah schwer und dunkel aus, die Oberfläche war leicht gewellt. Vor einem der Boote blieb Ezra stehen. Es war rot-weiß, hatte keine Sitze und bestand nur aus dem nackten Rumpf.

Sieh dir das an, rief er mit leuchtenden Augen. *Wir sollten uns reinsetzen. Nur ganz kurz.*

Er hockte sich hin, zog das Boot heran und bedeutete mir mit einer Geste, hineinzusteigen. Ich sah mich um. Der Hafen war still und menschenleer. Ich setzte vorsichtig einen Fuß ins Boot und kippte sofort vornüber. Fast hätte ich mir das Gesicht an der Bordwand aufgeschlagen. Ich war heillos betrunken. Ezra auch.

Er sprang hinterher. Wir setzten uns einander gegenüber auf den Bodenrost, streckten die Beine aus und warteten, bis das Schaukeln nachließ. Wir saßen eine ganze Weile da und redeten nicht. Wir tranken nur. Das Boot schunkelte. Mir war kalt, aber ich war zufrieden und fragte mich, ob sich das Gefühl verlängern ließe. Einmal hatte ich in den Nachrichten eine Frau gesehen, die einen Orgasmus nach dem anderen erlebte, pausenlos. Sie lag weinend in einem Krankenhausbett und sagte, sie wünsche sich einfach nur, dass es aufhörte. Zum zweiten Mal an diesem Tag dachte ich ganz bewusst an Sex.

Ezra, sagte ich und setzte mich auf. *Denkst du je an Sex?*

Ezra sah mich schläfrig an, trank noch einen Schluck Wodka.

Ja, sagte er. *Manchmal. Aber nicht mehr so oft wie früher. Du?*

Fast nie. Aber gerade eben.

Was hast du gedacht?

Ich dachte, sagte ich, *dass es schön wäre.*

Ja, sagte er. *Das denke ich auch manchmal.*

Er reckte die Arme über den Kopf. Sein T-Shirt rutschte hoch und entblößte die haarige Linie auf seinem gewölbten Bauch.

Wann hattest du zum letzten Mal Sex?, fragte ich.

Hmm, machte er. *Mit meiner Exfreundin. Ja, wahrscheinlich an dem Abend, bevor wir auf die* WA *gegangen sind. Sie hatte*

Couscous gekocht, und danach hatten wir Sex auf ihrem Sofa. Am nächsten Morgen habe ich sie zum Abschied auf die Stirn geküsst, aber ich habe sie nicht geweckt. Sie hat tief und fest geschlafen.

Er lehnte sich zurück und stützte sich auf die Ellenbogen. Im Mondlicht wirkte er blass und langgliedrig. Ich versuchte, ihn als festen Freund zu sehen, der tut, was feste Freunde so tun. Illegal Filme downloaden. Die Heizkörper entlüften. Ich konnte es mir überhaupt nicht vorstellen.

Was ist mit dir?

Mit Ethan, einem Freund, sagte ich. *Auf der Toilette einer Hotelbar.*

Echt? So was habe ich noch nie gemacht.

Außerdem, sagte ich, *war ich verheiratet.*

Das wusste ich nicht. Ich schätzte seinen gemessenen, neutralen Tonfall. Er verurteilte mich nicht.

Ja, sagte ich. *Ich hatte ihn wirklich gern. Beziehungsweise habe ich ihn geliebt. Ich glaube, ich habe ihn geliebt.*

Ezra rollte sich auf den Bauch, stemmte die Füße linkisch an die Bordwand und sah aufs Meer hinaus. *Warum hast du dann mit einem Freund geschlafen?*

Ich setzte mich auf, und sofort wurde mir schwindlig. Das Boot schaukelte hin und her.

Keine Ahnung. Es hatte sich irgendwie so ergeben.

Ich ging auf die Knie und kroch zu Ezra. Ich fühlte dieselbe unsichere Bedürftigkeit wie früher, wenn ich morgens neben meinen Mann aufgewacht war, wenn mein Mann und ich vor dem Fernseher saßen, wenn ich darauf wartete, dass mein Mann nach Hause kam. Wie ich meine Bedürftigkeit hinter einer Pantomime aus übertrieben niedlichen Gesten und verstellter Stimme verschwinden ließ, denn wenn er jemals gesehen hätte, wie abgrundtief sie war, wäre er schockiert gewesen. Ezra drehte sich auf den Rücken, schob einen Arm unter meine Schultern und zog mich an sich. Ich sammelte meinen Mut zusammen und legte meinen Kopf an seine Brust. Er legte einen schweren, warmen Arm darum, als wollte er meinen Schädel halten. Ich dachte: Das ist das Allerbeste.

Ezra, sagte ich. *Habe ich dir je von meiner Freundin Anna erzählt?*

Ich spürte, wie seine Atmung sich beruhigte.

Nein, ich glaube nicht, sagte er.

Als ich ein Kind war, verboten meine Eltern mir, Freundinnen mit nach Hause zu bringen, aber einmal durfte Anna bei uns übernachten. Weil sie angeblich aus einer guten Familie stammte. Was immer das auch heißt. Jedenfalls besuchte sie mich an einem Freitagabend. Wir waren ungefähr siebzehn. Meine Eltern hatten Pizza bestellt und uns einen Film ausgeliehen. Mein Vater tat so, als hätte er im Garten zu tun, er stand draußen und beobachtete uns durchs Fenster. Meine Mutter war in der Küche beschäftigt, kam aber alle halbe Stunde herein. Doch die meiste Zeit ließen sie uns in Ruhe.

Nach dem Film wollten wir noch fernsehen, aber meine Eltern wollten es nur erlauben, wenn sie über das Programm bestimmen konnten. Wir sahen eine Sendung über einen wohltätigen Verein für ausgesetzte Hunde. Danach kam meine Mutter ins Wohnzimmer, schaltete den Fernseher aus und sagte: Bett. *Einfach so. Knapp und tonlos. Es war keine Frage. Ich brachte die Sofakissen wieder in Ordnung und so weiter, dann folgte Anna mir hinauf. Wir schliefen Kopf an Fuß. Als wir nebeneinander im Dunkeln lagen, fragte sie mich, ob ich immer tue, was meine Mutter sage. Wahrscheinlich war es genau so. Ich hasste es, mir sagen zu lassen, was ich tun sollte, aber ich war auch sehr gut darin.*

Am nächsten Montag stellte sich einer meiner Klassenkameraden, den ich nicht besonders gut kannte, hinter mich und rief: BETT! *Eine Gruppe Mädchen, mit denen Anna befreundet war, tat dasselbe. Wenn ich vorbeiging, riefen sie wie aus einem Mund:* BETT! *Ich fragte Anna, was sie ihnen erzählt hatte. Sie antwortete, ich sei überempfindlich und meine Familie anscheinend verrückt.*

Das ist ja furchtbar, sagte Ezra und drückte ganz leicht meinen Kopf.

Nein, so schlimm war es gar nicht, sagte ich. *Ich hätte daraus einfach lernen sollen, besser auf mich aufzupassen. Mir genauer zu überlegen, wem ich was offenbare. Stattdessen tue ich das Gegenteil. Ich erzähle den Leuten mehr von mir, als sie wissen wollen. Wahrscheinlich, um es hinter mich zu bringen.* Ich streckte die Arme aus. Meine Haut fühlte sich fest und warm an, als wäre ich in der Sonne gewesen. *Ich könnte einschlafen*, sagte ich.

Ich auch, sagte Ezra.

Ich sah in den Himmel. Er war jetzt hässlich und grau. Das Boot roch nach Schmieröl und Fisch. Ich fühlte, wie sich die unsichtbaren Staubpartikel auf mich legten und mich müde machten.

Sollen wir uns ein Hotelzimmer nehmen?, schlug ich vor.

Ja!, sagte Ezra gedehnt. *Das ist eine gute Idee.*

Er stemmte sich hoch, kletterte aus dem Boot und reichte mir seinen Arm. Im Stehen nahm ich den starken Druck auf meine Blase wahr.

Ich muss mal, sagte ich.

Dann mach doch. Mach einfach ins Boot. Ist doch egal.

Ich schwankte ans Ende des Bootes, zog meine Jeans herunter und hockte mich hin. Unter mir zerteilte ein schmales, gelbes Rinnsal den Bootsrumpf in zwei Hälften. Ezra drehte sich nicht um. Als ich fertig war, half er mir aus dem Boot und ging voraus.

Wir liefen denselben Weg zurück, den wir gekommen waren. Wir bewegten uns plump und schwer, nahmen Abkürzungen durch klimatisierte Einkaufszentren. Ezra gab die Richtung vor, obwohl wir beide nicht wussten, wohin. Irgendwann blieb er vor einem großen Gebäude stehen und lehnte sich an die Glastür. *Hier.*

Okay, sagte ich. Mehr traute ich mir nicht zu. Das Innere des Hotels war eigenartig, auf der einen Seite Regale mit Buchattrappen, auf der anderen ein kleines Bistro. Vor dem Rezeptionstresen gab es ein paar Sitzgelegenheiten mit Zeitungen und Hochglanzmagazinen. Bevor er zur Rezeption weiterging, bat Ezra mich, Platz zu nehmen, und ich gehorchte, weil alles sich drehte. Nach einer Weile kam er mit zwei Schlüsseln an einem großen Plastikrechteck zurück.

Wir haben ein Zimmer, sagte er.

Okay.

Wir nahmen den Aufzug und betrachteten unser verwässertes, verkürztes Spiegelbild in der Metalltür. Wir wankten durch einen Flur, der nach Essen und Chlorbleiche roch, bis zu unserem Zimmer. Ezra schloss auf, trat beiseite und lehnte sich an die Tür, um mich durchzulassen. Das Fenster war geöffnet und die Luft im Zimmer überraschend kühl und frisch. *Einwandfrei*, sagte ich und stutzte dann kurz.

Wir setzten uns vor die Minibar und räumten alles heraus. Ezra holte zwei Gläser aus dem Bad und mixte sich einen widerlichen Cocktail aus Cola, Mangosaft, Wodka und Gin. Ich leerte zwei kleine Weinflaschen. Wir kippten M&Ms aus der Tüte auf den Teppich und aßen direkt vom Boden. Ich streckte mich auf dem Rücken aus, die Decke drehte sich. Ezra ging wieder ins Bad. Ich hörte, wie er sich übergab.

Dann hörte ich die Dusche, und ein paar Minuten später kam Ezra zurück, ein Handtuch um die Hüften. Ich stand auf, er kam auf mich zu, und ohne nachzudenken zog ich mir das T-Shirt über den Kopf. Ezra küsste meinen Hals und ich stöhnte, während er meine Jeans aufknöpfte. Er schob die Finger in meine Unterwäsche, dann in mich. Er schmeckte nach Mundwasser und Kotze.

Ich zog das Handtuch von seinen Hüften und fühlte seinen harten Penis an meinem Bauch. Ich ging auf die Knie und nahm ihn in den Mund. Ezra beugte sich zu weit vor, stolperte, gewann das Gleichgewicht wieder. Ich fing noch einmal von vorn an. Am Rand meines Sichtfeldes nahm ich die Haare auf seinem Bauch wahr, die weiße Haut seiner Oberschenkel. Die drohende Nüchternheit machte sich als Pochen in meinen Schläfen bemerkbar. Ezra legte mir eine Hand auf den Kopf, schob die Finger in meine Haare und zog mich in die Höhe.

Ich stieß ihn sanft aufs Bett, zog mir die Unterhose aus und ließ mich auf ihm nieder. Er zerrte meinen BH herunter, bis er auf meinen Rippen saß, legte die Hände auf meine Brüste und starrte mir ins Gesicht. Wir behielten die Pose eine Zeit lang bei. Dann bedeutete er mir, aufzustehen. Er drehte mich zum Frisiertisch um und versuchte, von hinten in mich einzudringen, aber sein Penis war weich, und ich musste zwischen meinen Beinen durchgreifen und ihm helfen. Er begann, fester zuzustoßen, der Spiegel vor uns wackelte ganz leicht. Ich schaute uns etwa eine Minute beim recht überzeugenden Ficken zu, dann wurde Ezra plötzlich schlaff, seufzte auf und verschwand im Bad.

Ich setzte mich aufs Bett und wischte mich mit Kosmetiktüchern aus einer Box auf dem Nachttisch ab. Die Tücher waren mit winzigen Koalas bedruckt. Irgendwann kam Ezra aus dem Bad heraus, ich ging hinein und duschte mich vom Hals abwärts. Als ich fertig war, lag er auf dem Bett. Ich streckte mich neben ihm aus, legte meinen Kopf auf seine Brust und ließ mir übers Haar streichen, aber es war nicht mehr dasselbe. Ezra schaltete den Fernseher ein, eine Renovierungssendung. Wir schmiegten uns aneinander, frisch gewaschen und hellwach.

Nach einer Weile stand ich auf, suchte meine Sachen zusammen und ging ins Bad, um mich anzuziehen. Der Spiegel war fleckig beschlagen, in den Lücken konnte ich meinen Körper erkennen. Das schwere Schmollen meiner Hüftknochen. Die flache Ebene meiner Oberschenkel. Bevor ich ging, hob ich das Handtuch auf und wollte es über die Tür hängen, aber dann drückte ich spontan mein Gesicht hinein. Es roch nach Ezra und nach mir, nach den Miniaturflaschen mit Shampoo und Duschgel, nach dem Hotelbett und nach allem, was wir getan hatten. Ich weinte in das Handtuch, drückte es mir noch fester auf die Augen und sah verschwommene Flecken in leuchtendem Rosarot und salzigem Weiß.

Danach wusch ich mir das Gesicht mit kaltem Wasser, drückte auf die Toilettenspülung und stopfte mir Papiertücher in den Ärmel. Ich rollte das Handtuch zusammen, nahm es mit hinaus und ließ es ganz unten in meiner Tasche verschwinden, als Ezra gerade nicht hinsah. Auch er hatte sich wieder angekleidet, die Grenzen unserer Freundschaft waren wiederhergestellt.

Wie spät ist es?, fragte ich.

Ezra deutete auf die Digitalanzeige unter dem Fernseher.

Zweiundzwanzig Uhr dreiundzwanzig, sagte er.
Mist, sagte ich. *Wir müssen wo hin.*
Wir nahmen noch zwei Bier für den Weg mit und hinterließen das totale Chaos.

Bei Dunkelheit war es viel schwieriger, sich in der Stadt zurechtzufinden. Ich warf einen Blick in jede Querstraße und suchte nach irgendetwas, was mir bekannt vorkam, aber alles sah grau und gleichförmig aus. Irgendwann kamen wir an einem Park vorbei, an den ich mich erinnern konnte. Ich zog Ezra in die Parallelstraße, und wir gingen weiter, bis eine Reihe von Restaurants in Sichtweite kam. Vor einem wartete der Mann. Er trug denselben Anzug wie am Morgen, hatte sich die Ledertasche über die Schulter gehängt und die Zeitung unter den Arm geklemmt. Er sah sich um, warf gelegentlich einen Blick auf die Uhr, verlagerte das Gewicht von einem Bein aufs andere. Anscheinend war ihm extrem unwohl. Ich zog Ezra in einen Hauseingang und zeigte.

Siehst du den Mann?, fragte ich, und Ezra blickte ungefähr in die richtige Richtung.

Welchen Mann?

Den mit der Zeitung. Ich hatte mich für später mit ihm verabredet. Ich dachte nicht, dass er tatsächlich auftaucht.

Ezra drückte sich die Bierflasche an die Brust wie ein kleines, krankes Tier, das er gesund pflegen würde.

Na ja, wenn er ein Freund von dir ist, sollten wir rübergehen und hallo sagen.

Das Wort Freund betonte er besonders, aber ich ging nicht weiter darauf ein. Ich trank den letzten Schluck aus meiner Bierflasche, schal und warm, dann ließ ich sie fallen und hörte ein Splittern. Ezra tat es mir gleich und verließ den Hauseingang.

Okay, sagte ich. *Lass uns hallo sagen.*

Wir überquerten die Straße und gingen auf den Mann zu. Zu gehen war unglaublich anstrengend, und ich musste mich sehr darauf konzentrieren, einen Fuß vor den anderen zu setzen. Als wir die Hälfte der Strecke zurückgelegt hatten, bemerkte er uns. Er nahm die Zeitung und hielt sie sich vor die Brust wie einen schützenden Schild.

Hallo, sagte ich, *du bist tatsächlich gekommen!* Ich riss die Arme hoch, um meine Überraschung und meine Freude auszudrücken. Ich war mir nicht sicher, ob ich mich über ihn lustig machte oder über mich.

Was zur Hölle soll das?, fragte der Mann und sah erst mich an und dann Ezra. Ezras Gesicht war rosig und schlaff. Seine Haltung wirkte extrem linkisch, er krümmte die Schultern und hielt die steifen Arme seitlich neben dem Körper.

Wir waren doch verabredet, sagte ich und zog mir eine Schulter bis ans Kinn, eine sehr kokette Geste, wie ich meinte. *Und, gehen wir jetzt zu dir?* Ich kicherte los, zwang mich aber dann, damit aufzuhören.

Der Mann richtete die Zeitung auf mich, ohne sich von der Stelle zu rühren. Irgendwie hatte ich das Gefühl, dass ich ihn doch noch umstimmen könnte. Dass er immer noch dabei war, es sich zu überlegen.

Wer ist der Typ?, fragte er.

Das, sagte ich stolz, *ist Ezra. Ein Freund.*

Ezra bemühte sich, gerade zu stehen. Anscheinend hatte er keine Ahnung, was vor sich ging.

Ich bin ein Freund, wiederholte er.

Hör mal, sagte der Mann. *Ich weiß nicht, was zur Hölle das soll, aber ich habe kein Interesse.*

Er ging davon.

Hey!, brüllte Ezra, und der Mann drehte sich um.
Was?
Ihr wart doch verabredet, sagte Ezra. *Du bist ganz schön unhöflich.*
Leck mich, sagte der Mann. *Spinner.*
Ich sah, wie Ezra einen Satz nach vorn machte, mit dem gestreckten Arm ausholte und dem Mann eine Faust gegen den Wangenknochen schlug. Das Geräusch war genau in der Mitte zwischen nass und trocken. Der Mann reagierte zunächst gar nicht, dann legte er sich langsam und vorsichtig eine Hand ans Gesicht. Seine Augen waren leer und wässrig, sein Körper wirkte plötzlich klein und kindlich.

Ezra, anscheinend viel größer, als ich mir je bewusst gemacht hatte, setzte nach und boxte dem Mann in die Brust. Dann packte er ihn bei den Schultern und rang ihn nieder. Der Mann verschränkte die Arme vor dem Körper, zog die Knie an und stammelte etwas von einem Portemonnaie im vorderen Fach der Ledertasche. Ezra ignorierte ihn, setzte sich auf seine Brust und schlug noch einmal zu. Auf die Nase diesmal. Das Geräusch war wieder ekelerregend, aus der Nase lief das Blut in dünnen Strömen.

Ich stellte mich seitlich daneben, um besser sehen zu können, und dann versetzte ich dem Mann ohne nachzudenken einen Tritt. Mein Bein schwang roboterhaft vor und die Turnschuhspitze verschwand in seinem weichen Bauch. Es fühlte sich an wie ein Experiment. Ich trat noch einmal zu, aber dann hörte ich Leute am Ende der Straße. Sie kamen brüllend näher. Ich zerrte Ezra von dem Mann herunter, der schlaff und reglos liegen blieb. *Wir müssen weg hier*, schrie ich.

Wir rannten wie zwei freigelassene Wildtiere. Wir rannten durch die dunklen Schatten des Parks und über die Uferstraße. Vor einem Biosupermarkt musste ich stehen bleiben und mich übergeben. Ich lehnte den Kopf an die Schaufensterscheibe. Ezra strich mir in lockeren, kreisförmigen Bewegungen über den Rücken und würgte ebenfalls. Als ich fertig war, sank ich zu Boden, ein zusammengesackter Haufen im Supermarkteingang. Das Adrenalin durchzuckte mich wie Stromstöße bei einer Elektrotherapie.

Wir sollten Mia nichts davon erzählen, sagte Ezra, als wir wieder zu Atem gekommen waren.

Natürlich nicht. Ich betrachtete den Ärmel meines Sweatshirts. Ein M&M hatte sich im Stoff festgesetzt, am Ärmel hing Erbrochenes. *Komm*, sagte ich. *Zeit, nach Hause zu gehen.*

Wir standen auf, keuchend und mit rotem Gesicht, und setzten uns in Bewegung. Wir legten den ganzen Weg zur *WA* schweigend zurück. Manchmal hatte ich den Eindruck, dass Ezra etwas sagen wollte. Manchmal hatte ich den Eindruck, dass ich etwas sagen wollte. Aber letztendlich gab es für das, was wir ausdrücken wollten, keine Worte. Vor uns ragte die *WA* auf wie eine riesige, väterliche Masse. Ich wurde ruhiger, je näher wir kamen.

Kurz vor dem Check-in-Schalter drehte Ezra sich halb zu mir um. *Ich hatte einen schönen Tag*, sagte er.

Ich auch. Alles in allem.

Als ich vor meiner Kabine stand, musste ich feststellen, dass sie von innen abgeschlossen war. Ich warf mich gegen die Tür, aber sie gab nicht nach. Manchmal wurden unsere Kabinen aus hygienischen Gründen inspiziert, Norovirus usw. Möglicherweise hatte einer der Kontrolleure sich während der Arbeit eingeschlossen. Ich klopfte an und legte mir eine Tirade zurecht. Die Tür schwang auf, und mitten in meiner Kabine stand ein Mann. Er hatte ein blasses, teigiges Gesicht und eine Glatze und war mindestens fünf Zentimeter kleiner als ich. Er trug Chinos, ein weißes Hemd und keine Schuhe.

Ich bin Brian, sagte er. *Wer bist du?*

SEE

Ich schrieb den Rezeptionsservice, die Personalabteilung und die Kabinendispo an. Ich schrieb Keith an nur für den Fall, dass das Ganze zum Programm gehörte. Zuletzt fragte ich Brian selbst, der auf dem Bett saß und mir schüchtern erklärte, er habe sich über seine Kabine beschwert und deswegen diese hier bekommen.

Ich setzte mich ans Fußende. Unter meiner Schädeldecke zitterten die Spinnenbeine eines Katers. Ich stank nach Alkohol und Erbrochenem. Ich erwog, Brian zum Boardwalk zu begleiten, ihm ein Hot Dog mit Senf zu spendieren und ihn dann seiner Wege zu schicken. Aber er war wie ein kleiner Stein in einem Garten. Er war niemandem im Weg. Ich sagte ihm, er könne in meiner Kabine übernachten, und morgen würde sich eine Lösung finden.

Ich baute ein zusätzliches Bett aus Kissen, frisch gewaschenen Trainingsanzügen und allen weichen Sachen, die greifbar waren, und breitete das Ersatzlaken darüber. Brian schlug schweigend den leeren Bettbezug zurück und kroch in sein kleines Nest. Er war immer noch vollständig bekleidet, mit Oberhemd und Chinos. Er zog sich den Bettbezug bis ans Kinn und starrte an die Kabinendecke.

Normalerweise schlief ich immer sehr schnell ein, besonders, wenn ich betrunken war. Für Nächte, in denen es mir nicht gelang und meine Gedanken nicht zur Ruhe kamen, hatte ich einen kleinen Trick entwickelt. Statt über meine Eltern oder meine Zukunft nachzugrübeln oder mich zu fragen, was aus meinem Mann geworden war, wiederholte ich in Gedanken den Inhalt des letzten Lehrvideos. Als Brian auf dem Boden neben mir lag, wendete ich die Methode an. Ich schloss die Augen und wiederholte das Modul über erfolgreiche Kommunikation via Körpersprache. Als ich mir die Grundprinzipien aufsagte, schwoll meine innere Stimme stetig an, aber irgendwie schaffte sie es trotzdem nicht, das Wissen um die kleine, menschliche Gestalt neben mir auszublenden. Mein ganzer Körper war angespannt, als müsste ich jede Sekunde senkrecht aus dem Bett hochschießen. Und an Brian nahm ich dieselbe Steifheit wahr, eine Härte, die die Luft in seiner Hälfte der Kabine kondensieren ließ. Nachdem ich eine lange Zeit die Decke angestarrt hatte, fragte ich: *Brian, ist alles in Ordnung?*

Ja, antwortete er. Ich hörte die Laken auf dem Teppich rascheln und ein kurzes, weiches Ausatmen.

Brauchst du irgendwas?, fragte ich.

Nein, danke.

Ich schloss die Augen und überlegte, was ich als Nächstes wiederholen könnte. Mantras aus der Schulung für Zeitmanagement, Goldene Regeln im Umgang mit schwieriger Kundschaft. Nichts funktionierte. Ich rollte mich auf die Seite, kehrte Brian den Rücken zu und rutschte noch näher an die Kabinenwand. An einer Wand zu schlafen, hatte etwas ungemein Beruhigendes. Eine harte, feste Oberfläche vor sich zu wissen statt eine gefährliche Absturzkante. Einmal hatte ich meinen Mann gefragt, ob wir das Bettgestell entfernen und entsorgen und einfach nur auf einer Matratze am Boden schlafen könnten. Es erschien mir unvernünftig, sich freiwillig dem Risiko des ungesicherten Schlafens auszusetzen. Aber er meinte, eine Matratze am Boden sei merkwürdig und armselig, so schliefen doch nur Drogenabhängige. Also legte ich mich so weit in die Matratzenmitte wie möglich, und er ärgerte sich darüber, dass ich ihm ständig auf die Pelle rückte.

Ganz sicher?, fragte ich Brian noch einmal.

Ja, ich glaube, antwortete er. *Ehrlich gesagt*, fügte er nach einer Weile hinzu, *habe ich mich was gefragt. Natürlich nur, wenn es dir nichts ausmacht. Könntest du mir ein bisschen was über das Schiff erzählen? Ich bin gerade erst angekommen und hatte noch keine Gelegenheit, mich umzusehen.*

Na ja, sagte ich, *was möchtest du denn wissen?*

Die WA zu beschreiben, fiel mir schwer. Sie war wie eine außergewöhnlich lange Anekdote. Die Art von Anekdote, die mehrere Einstiegspunkte hat, abhängig vom Publikum und der zur Verfügung stehenden Zeit. Ich wusste nicht, wo ich beginnen sollte, also fing ich einfach zu erzählen an.

Ich erzählte ihm vom Surfsimulator, der Eisbahn, der Freiluftseilrutsche, der Spielhalle. Ich erzählte ihm von den Theatersälen, dem vollständigen Orchester, dem Synchronschwimmen, dem Comedy Club. Den Innenpools, den Außenpools, dem Tauchpool und dem Whirlpool. Von den Restaurants, den Imbissbuden, den Buffets, dem Fine-Dining-Angebot. Ich erzählte ihm von der Wasserrutsche auf dem Oberdeck, deren Schleifen ins Schiff führten und wieder heraus. Ich erzählte vom finnischen Spa, der Infrarotsauna und der Alpendusche. Von der Mixology-Bar, der

Pianobar, dem Irish Pub, der Ginbar. Von dem schwebenden Restaurant, das in einem der zentralen Lichthöfe der *WA* auf und ab fuhr, sodass man auf verschiedenen Etagen zu- und aussteigen konnte. Vom Casino, der Minigolfbahn, der Kletterwand, den Basketballplätzen. Von den Treffen der Anonymen Alkoholiker und der Anonymen Narkotiker, der Anonymen Glücksspieler und der Anonymen Essgestörten. Ich erzählte ihm von der koreanischen Bäckerei, dem ungarischen Süßigkeitenladen, der Sauerteigpizzeria, der Roboterbar, der Fünfzigerjahrekantine, dem Solariumsbistro und den Geschenkeshops. Ich erzählte ihm von Wabi-Sabi, und dass alles aus dem Nichts kommt und im Nichts verschwindet. Und je mehr ich ihm erzählte, desto dringender wollte ich schlafen.

Das kann ich mir nicht vorstellen, sagte er nach einer Weile.

Und obwohl ich seit fünf Jahren auf der *WA* lebte, konnte ich es mir ebenfalls nicht vorstellen. Nicht ansatzweise.

∿∿∿∿∿

Am nächsten Morgen wachte ich mit Kopfschmerzen wie von einem Eispickel auf, und mit Brian, der leise schnarchend am Boden lag. Ich brauchte ein paar Sekunden, mich zu erinnern. Ich tastete nach meinem Tablet am Fußende und schaute nach, ob irgendwer auf meine Nachrichten reagiert hatte. Ich hatte eine Antwort vom Rezeptionsservice, eine Einladung zum Gespräch vor Ort.

Ich duschte wie in Trance, die Stirn an den rauen Kunststoff der Kabinenwand gelehnt. Ich beugte mich würgend über den Abfluss, aber nichts passierte. Als ich wieder herauskam, hatte Brian das provisorische Bett weggeräumt, und nun stand er verunsichert mit einem zusammengefalteten Handtuch, seiner Zahnbürste und Wechselkleidung in der Kabine herum. Ich fühlte mich wie der Tod.

Ich muss los, sagte ich langsamer als beabsichtigt. *Ich muss herausfinden, was mit dir passieren soll. Warte einfach hier.*

Er nickte wie zur Bestätigung.

Der Rezeptionsservice befand sich hinter der Austernbar. Mia hatte eine Zeit lang dort gearbeitet. Angeblich war es langweilig, aber irgendjemand bot einem immer einen Tee an. Ich hatte seit Ewigkeiten nicht mehr in einem Büro gearbeitet, nicht seit ich an Bord der *WA* war. Ich hasste Büroarbeit. Ich hasste die Unterhaltungen, die man in einem Büro führen musste. Wenn man im Rezeptionsservice arbeitete, wurde einem zumindest eine gewisse Künstlichkeit zugestanden. In einem normalen Büro hingegen musste man sogar den Kollegen etwas vorspielen und so tun, als wäre man von Natur aus freundlich, hilfsbereit und gefällig. Es war zermürbend.

Ich klopfte an, und weil ich nichts hörte, trat ich einfach ein. Vier Arbeitsplätze waren um einen zentralen, quadratischen Schreibtisch angeordnet. Sie waren durch Computermonitore und Briefordner voneinander abgetrennt und allesamt unbesetzt.

Ich bin Ingrid, sagte ich in den leeren Raum hinein, und hinter mir antwortete jemand: *Hallo, Ingrid.* In der Tür stand ein Mann.

Ingrid, sagte er noch einmal. Sein Gesicht war dicht vor meinem. *Wie ich höre, haben Sie einen Gast?*

Allerdings, sagte ich. *Er heißt Brian.*

Aha, sagte der Mann. *Und wie geht es ihm?*

Ganz gut, sagte ich.

Der Mann schien wenig überzeugt. *Hatte er bislang eine angenehme Reise?*

Ich glaube ja.

Gefällt es ihm?, bohrte er weiter. *Keine Beschwerden?*

Ja und nein. Aber warum ist er bei mir untergebracht? Hat er nicht eine eigene Kabine?

Wir sollten uns ungestört unterhalten, sagte der Mann, nahm mich beim Ellenbogen und steuerte mich in die Ecke keinen halben Meter von der Stelle entfernt, wo wir eben gestanden hatten.

Nun, sagte er, *dann wissen Sie es also nicht.*

Nein.

Seine Kabine steht derzeit nicht zur Verfügung. Sie ist außer Betrieb. Mit anderen Worten, sie wurde verwüstet.

Was?, sagte ich. *Von wem?*

Was glauben Sie?, fragte er zurück. Er hielt sich die Hand vors Gesicht. Vom kleinen Finger war nur noch die Hälfte da.

Oh, sagte ich.

Jetzt kommt es vor allem darauf an, sagte er, *ihm einen tollen Aufenthalt zu bereiten. Und Sie wurden ausgesucht, seine Gastgeberin zu sein.*

Er wird die ganze Zeit bei mir wohnen?

Korrekt. Sie bekommen ein paar Tage frei, damit Sie ihn besser kennenlernen können. Ihm das Schiff zeigen. Betrachten Sie ihn einfach als Ihren neuen besten Freund. Wo hat er geschlafen?

Auf dem Boden, sagte ich. *Es war ja nur für eine Nacht.*

Tja, scheuen Sie sich nicht, ihm etwas Gemütlicheres anzubieten, sagte der Mann. *Ich bin mir sicher, Ihr Bett ist breit genug für zwei. Man muss einfach nur ein bisschen zusammenrücken. Sie wissen schon.*

Ich weiß nicht, ob ich das möchte, sagte ich.

Sie tun, womit Sie sich wohlfühlen. Aber vergessen Sie nicht, es geht auch um seine Bedürfnisse.
Er trat einen Schritt zurück und streckte den Arm aus. Ich ging an ihm vorbei, doch auf der Schwelle blieb ich noch einmal stehen. Die Luft im Raum war wie elektrisch aufgeladen.
Viel Glück, sagte er. *Kümmern Sie sich um ihn.*
Draußen auf dem Boardwalk waren trotz der frühen Stunde schon die ersten Frauen im Cocktailkleid unterwegs. Manche schwenkten mit Gemüse garnierte Drinks. Irgendwo wurde Fleisch gegrillt. Einige Männer, zehn Jahre jünger als ich, spielten Shuffleboard. Ich hörte das High-Heel-Klackern eines Tischtennismatchs. Ich hatte das Gefühl, mich im Zentrum des Universums zu befinden. Ich ging weiter, umrundete einen Haufen kaputter Liegestühle und blieb vor jedem Mülleimer stehen, den ich sah. Manchmal legte ich beide Hände an den klebrigen Rand.

～～～～

An Brians Anwesenheit gewöhnte ich mich schnell. Er sprach nur, wenn ich ihm eine Frage gestellt oder so lange geschwiegen hatte, dass er sich dazu verpflichtet fühlte. Ich konnte mir dennoch ein Bild von ihm machen. Er war sauber und ordentlich. Seine Badutensilien hatte er auf dem winzigen Bord über dem Waschbecken aufgereiht, dicht nebeneinander, damit sie möglichst wenig Platz wegnahmen. Er hatte ein paar seltsame Eigenarten, beispielsweise kratzte er sich die Unterseite seines Bauchs mit den weißen Spitzen seiner Fingernägel und strich sich ständig die kaum vorhandenen Haare hinters Ohr. Er bewegte sich langsam, wie unter Wasser. Er roch nach Pfefferminze und ganz leicht nach Milch. Manchmal summte er im Schlaf. Mir fiel auf, dass meine Stimme sanfter wurde, wenn ich mit ihm sprach, und wenn er etwas sagte, musste ich den Kopf ein wenig neigen, um ihn zu verstehen. Nach einer Weile nahm ich ihn nur noch kreatürlich wahr, wie ein mittelgroßes Tier, mit dem ich nun eine Kabine teilte.

In den ersten Tagen zeigte ich ihm die *WA*. Ich schaute zu, wie das Gelato von seinem Kinn tropfte und die schmelzende Süßspeise ein Flussdelta auf sein Handgelenk zeichnete. Ich saß neben ihm, während er im Jacuzzi rot anlief. Ich zeigte ihm die verschiedenen Pizzerien. Wir aßen Focaccia und Mozzarellasticks, meistens ohne uns dabei zu unterhalten. Wir saßen unter Sonnenschirmen in Primärfarben und schlürften Mixgetränke mit Hustensaftgeschmack. Wir kehrten mit dicken Bäuchen und nach Holzrauch riechenden Haaren in die Kabine zurück. An einem Nachmittag gingen wir shoppen. Ich saß auf einem der rosa Polsterhocker, die eigentlich für Ehemänner reserviert waren, während er verschiedene Norwegerpullover anprobierte. *Ja, nein, ja, ja*, sagte ich.

Morgens holte ich ihm ein Heißgetränk und schaute zu, wie er es im schwachen Licht trank. Abends baute ich ihm ein Bett und stellte mein Tablet hochkant ans Kissen, damit er seine Lieblingssendungen sehen konnte. Ich beobachtete ihn, während er kicherte, gähnte und zuletzt einschlief.

Die Unternehmungen mit Brian erinnerten mich an meine erste Zeit auf der *WA*, als ich mich gefühlt hatte wie ein neu in die Manege geworfenes Atom. Ich erinnerte mich an die Energie, die in mir gekribbelt hatte wie Bläschen in Mineralwasser. Damals hatte ich mir eine Kabine mit drei anderen Neuen geteilt. Wir hatten alle den gleichen Elan, wir waren wie straff gespannte Gummibänder, wir saßen in den Startlöchern. Wir liefen über die Außendecks, starrten aufs Meer und konnten unser Glück kaum fassen. Nicht an meinen Mann zu denken, war mir ganz leicht gefallen, anders als jetzt, als es verdammt unmöglich war. Meine drei Mitbewohnerinnen kündigten nach nicht mal einem Jahr. Sie hatten Familien, zu denen sie zurückmussten. Familien, die wussten, wo sie waren und die zu Hause auf sie warteten. Ungefähr ab da hatte ich angefangen, meine gesamte Zeit mit Mia und Ezra zu verbringen.

Wie lange arbeitest du schon auf der WA*?*, fragte Brian eines Abends. Wir aßen schon wieder Eis. Wir waren auf das oberste Deck gegangen und hielten nach zwei Liegen Ausschau. Die oberen Decks waren für gewöhnlich in einem besseren Zustand, aber auch hier häufte sich anscheinend der Müll. Pappteller, Servietten, hier und da ein fallen gelassener Plastikbecher. Geschmackvoll gekleidete Leute saßen im gelblichen Licht, tranken Scotch, ignorierten den Dreck und warteten auf Macarons frisch aus dem Ofen. In einem dunkleren Bereich fanden wir zwei freie Liegestühle. Ich sah nach oben und entdeckte einen kaputten Strahler. Wir klappten vorsichtig die Lehnen zurück und leckten an den Eiswaffeln.

Fünf Jahre, sagte ich.

Brian zog sich einen Ärmel übers Handgelenk und wischte sich damit den Mund ab.

Was ist mit dir?, fragte ich. *Woher kommst du?*

Aus einem Hotel, antwortete er. *Bevor ich an Bord der* WA *gegangen bin, habe ich einige Tage im Hotel gewohnt. Meine Tochter rief jeden Tag an, um zu fragen, was ich so mache. Ich erzählte ihr*

von den Sachen, die ich gesehen, und von den Gerichten, die ich gegessen hatte. Das meiste stimmte nicht. Ich saß die ganze Zeit im Hotel und habe mir Essen aufs Zimmer bestellt.
Warum hast du gelogen?
Ich war leicht enttäuscht. Das hätte ich ihm nicht zugetraut.
Irgendwas musste ich ihr ja erzählen, sagte er.
Brian wischte sich die Hand an seinen Cargoshorts ab. Über die andere lief das geschmolzene Eis. Ich nahm ihm die Waffel weg und warf sie in einen Mülleimer. Dann holte ich ein paar Papierservietten und säuberte seine Hände. *Was für eine Schweinerei*, sagte ich.

~~~~~

Obwohl ich die Zeit mit Brian sehr genoss, freute ich mich auf die Rückkehr in den Job. Ich hatte aufgehört, mir die Beine zu rasieren, und zum Haarewaschen war ich in der Woche nur ein Mal gekommen. Außerdem war ich ständig müde, denn ich dachte immer nur an Brian und vergaß darüber mich selbst. Eines Abends legte ich ihn zum Schlafen hin und merkte da erst, dass ich seit dem Lunch am Vortag nichts mehr gegessen hatte. Ganz kurz spielte ich mit dem Gedanken, die Kabine zu verlassen und mir etwas zu holen, etwas Mildes, Weiches, das weder stank noch knusperte, denn ich wollte ihn nicht wecken. Aber dann sah ich sein Gesicht, die wächserne, schwer herabhängende Haut, und wusste, es war unmöglich.
Ich würde mir etwas überlegen müssen. Er musste lernen, das Tablet zu bedienen und sich allein auf dem Schiff zurechtzufinden. Er brauchte eine Notfallnummer. Bevor ich

eines Morgens wieder zur Arbeit ging, legte ich ihm seine Sachen heraus.

Baby, rief Rosa, als ich hereinkam. *Wo hast du gesteckt?*
Ich habe Besuch, sagte ich. *Ich musste mich um ihn kümmern.*
Rosa wirkte entspannter als sonst, fast übermütig. Anscheinend war sie froh, wieder jemanden zum Reden zu haben. Im Nagelstudio war nicht viel los gewesen. Ich vermutete stark, dass es etwas mit Keith zu tun hatte. Zwischen zwei Kundinnen ergaben sich oft lange Pausen, in denen wir Tee trinken und plaudern konnten. Rosa stellte mir alle möglichen Fragen zu meinem Landgang, die ich nur ausweichend beantwortete, und als ich ihr von Brian erzählte, nötigte sie mir sogar ein Fußbad auf.

Anfangs war es schön, weniger zu tun zu haben, aber die Tage zogen vorbei, und irgendwann vermisste ich die Hektik unserer früheren Stunden im Studio. Wenn ich nichts zu tun hatte, erschien der Raum irgendwie krasser, wie wenn man ein Möbelstück aus einem Zimmer schiebt und dann erst den Schmutz am Boden bemerkt. Ich musste immer öfter an meinen Mann denken. Unser Wohnzimmer, ein perfektes Rechteck, dümpelte vor meinem geistigen Auge wie ein Floß. Das meergrüne Sofa. Der Fernseher. Während der Pausen stand ich manchmal so abrupt auf, dass ich fast meinen Tee umkippte. Ich suchte die weißen Wände des Salons nach einer Aufgabe ab, nach einer Ablenkung, fand aber nichts. *Lass uns die Lacke neu sortieren*, schlug ich vor. *Wie wäre es, wenn wir alle Pinsel grundreinigen?* Rosa lächelte nachsichtig und blätterte weiter in ihrer Zeitschrift. Ich setzte mich wieder hin, versuchte bewusst, meine Muskeln zu entspannen und hielt den zu heißen Teebecher fest umklammert.

Auf dem Rückweg zu meiner Kabine und zu Brian ergriff

mich eine andere Art von Müdigkeit. Nicht Energiemangel, sondern etwas Neues. Etwas, was ich mit mir herumtrug. Die Flure erschienen mir dunkler und auch enger. Überall roch es nach Regen. Brian saß ausnahmslos am Fußende meines Betts und sah sich etwas auf dem Tablet an, und ihn dort zu sehen, still, zufrieden und mit sich beschäftigt, war jedes Mal eine Erleichterung. Im Bad zog ich mich um, wusch mir das Gesicht und musterte mich im Spiegel. Dann setzte ich mich zu Brian. *Was haben wir denn da?*, fragte ich.

Manchmal gingen wir nach meiner Schicht essen oder ins Kino. Mit ihm zusammen zu sein war einfach. Wir unterhielten uns ungezwungen, doch zu schweigen war genauso in Ordnung. Bislang hatte ich weder Mia noch Ezra von Brian erzählt, genau genommen hatte ich mich seit Brians Ankunft nicht mehr bei ihnen gemeldet und mir stattdessen eingeredet, ich müsse rund um die Uhr für ihn da sein. Dann eines Morgens schrieb Mia mich an, so fröhlich und ohne jede Feindseligkeit, dass ich einem Treffen zustimmte.

Ich erklärte Brian, dass ich mich mit Freunden treffen würde und er den Abend in der Kabine verbringen oder gern auch allein etwas unternehmen könne. Ich schlug ihm ein paar Aktivitäten vor, die ihm vielleicht gefallen würden. Ein Kurs im Cocktailmixen. Open Mike im Comedy Club. Er sah mich kurz an und sagte dann, er bleibe lieber zu Hause. Er setzte sich auf die Bettkante und schmollte. *Möchtest du mitkommen?*, fragte ich, als ich einsah, dass es nicht anders ging.

Ja, sagte er leise.

Wir trafen uns in der Personalkantine. Ich bat Brian, uns möglichst unauffällig einen Tisch zu suchen, dann stellte ich mich zu Mia und Ezra in die Schlange. *Könnt ihr mir bitte zwei Teller fertig machen?*, fragte ich. *Ich warte da hinten in der Ecke.*

Warum zwei?, fragte Mia.

Überraschung, sagte ich.

Ich setzte mich zu Brian. Er drückte sich an die Wand und sah ebenso kämpferisch wie bedrückt aus.

Ist schon okay, sagte ich. *Sie sind wirklich nett.*

Mia und Ezra brachten spanisches Omelette, indisches Curry und Kimchi mit.

Wer ist das?, fragte Ezra, ohne Brian anzusehen. Oder mich.

Das ist Brian, sagte ich. *Er ist mein Gast. Er wohnt in meiner Kabine.*

Er darf hier nicht sein, sagte Ezra. *Das verstößt gegen die Vorschriften.*

Niemand wird es erfahren.

Ezra hat recht, sagte Mia. *Er sollte nicht hier sein. Und warum wohnt er bei dir?*

Sie setzte sich gegenüber von Brian, der nervös zu einer Erklärung ausholte.

Ist schon okay, unterbrach ich ihn. *Er wohnt in meiner Kabine, weil er nicht allein sein kann. Ich kümmere mich um ihn. Wir kümmern uns umeinander.*

Ingrid, flüsterte Mia. *Können wir uns unter vier Augen unterhalten?*

Wenn du mir was zu sagen hast, antwortete ich, *kannst du das gern in Brians Gegenwart tun.*

~~~~~

Ein paar Abende später schrieb Mia mich an und bat um ein Treffen, nur wir beide. *Das ist jetzt mein Leben*, schrieb ich zurück. *Du musst akzeptieren, dass es Brian und mich nur im Doppelpack gibt.*

Von da an brachte ich Brian zu jedem Treffen mit Ezra und Mia mit. Ehrlich gesagt genoss ich die Missklänge, die er in die Gruppendynamik hineintrug. Sie lenkten von der seltsamen Stimmung ab. Mia fragte ständig, wann wir endlich wieder Familie spielen würden, aber ich wehrte ab. *Nach dem letzten Mal?*, sagte ich dann und ließ die Frage zwischen uns stehen.

Ich wusste, was sie beabsichtigte. Familie war ein Spiel für drei. Die logische Folge wäre klar. Aber ich wollte nicht mehr Familie spielen. Auf einmal kam mir das Ganze pervers vor. Außerdem hatte ich das ungute Gefühl, dass sie ahnte, was zwischen mir und Ezra vorgefallen war, und das Spiel würde es vielleicht ans Licht bringen. Sie glaubte, ich hätte Ezra gegen seinen Willen zu etwas gedrängt, davon war ich überzeugt. Und ich war mir nicht sicher, ob es vielleicht stimmte.

Im Nachhinein wurde mir klar, dass es zwischen Mia und mir nicht mehr rundlief, seit ich am Programm teilnahm. Ständig legte sie meine Worte und Taten zu meinen Ungunsten aus. Einmal kam ich einige Minuten zu spät zu unserer Verabredung am Personalpool, und sie behauptete, ich hätte keinen Respekt mehr vor ihrer Zeitplanung.

In gewisser Weise, sagte sie und zog eine Hand durchs Wasser, *glaubst du, was du tust sei wichtiger als das, was ich tue.*

Bei einer anderen Gelegenheit beschwerte sie sich über eine Kollegin. Die Frau hieß Hannah.

Hannah, sagte ich. *Wer war das noch mal?*

Wenn du der Meinung wärst, die Information wäre wichtig, würdest du sie dir merken, antwortete sie. *Dann müsste ich mich nicht ständig wiederholen.*

Es war anstrengend, immerzu mit ihr zu diskutieren und

ein Verhalten zu verteidigen, dessen ich mir gar nicht bewusst war. Wenn sie ein Treffen vorschlug, behauptete ich, ich sei zu beschäftigt. Was ich auch war.

∼∼∼∼∼

Endlich hatte ich einen weiteren Termin bei Keith. Aus der Formulierung der Einladung ging hervor, dass es einer der letzten sein würde. Ich schminkte mich und zog das übliche Kleid an. Der Saum am Ausschnitt klebte. Vom Kragen lösten sich fleischige Zitronenfetzen und verteilten sich auf meinem Rücken, außerdem war der muffige Geruch wieder da. Dennoch schien ich keine andere Option zu haben, also hielt ich zwei Teebeutel unter den Wasserhahn, rieb sie mir über Hals und Schultern und schob sie dann unter meine BH-Träger. Es fühlte sich unangenehm an, aber wenigstens war ich erfrischt wie nach einer Gesichtsbehandlung im Spa.

Vor Keiths Büro musste ich nicht lange warten. Ich begrüßte die Empfangsdame mit einem knappen Nicken, als wären wir einander zwar bekannt, aber letztlich nicht gleichgestellt. Als sie mich aufrief, ging ich hinein, ohne sie zu beachten. Ihre Erlaubnis war eine reine Formalität, die es im Grunde nicht brauchte. Während ich ihr den Rücken zukehrte, überlegte ich mir, dass ich sie fast sogar ein bisschen hasste und mich viel wohler fühlen würde, wäre sie nicht mehr da. Es war schön, mit der Erkenntnis meinen Frieden zu machen.

Da ist sie, sagte Keith.

Da bin ich, sagte ich zögerlich.

Setz dich, sagte Keith. Zum ersten Mal fragte ich mich, woher sein Akzent stammte. Er klang wie ein Hollywoodschauspieler, der einen breiten, undefinierbaren Dialekt imitiert.

Ich mache Matcha, erklärte er und kippte eine mittelgroße Holzschale in meine Richtung, um mir den an Erbsensuppe erinnernden Inhalt zu zeigen. *Matcha hat sehr viel Koffein. Wusstest du das?*

Nein.

Tja, so ist es aber.

Okay. In Gedanken ermahnte ich mich, freundlicher zu sein.

Matcha wird aus der ganzen Pflanze hergestellt, fuhr er fort. *Du verstehst, was das bedeutet. Es ist nicht wie beim Tee oder beim Kaffee, wo das Wasser durch die Pflanzenstoffe wandert und mit Koffein lediglich angereichert wird.*

Okay, sagte ich. Schon wieder.

Man zerreibt die komplette Pflanze.

Ah, machte ich.

Keith rührte weiter in der Schüssel, neigte sie in meine Richtung. Der Inhalt sah schwer und pudrig aus und hatte einen bitteren Gemüsegeruch. Er stellte die Schale vor mich hin und forderte mich mit einer Geste zum Trinken auf. Ich nahm sie mit beiden Händen, trank einen großen Schluck und stellte sie zurück.

Austrinken, sagte er.

Ich griff abermals zur Schale und schluckte die starke, schleimige Flüssigkeit. Als ich die Schale absetzte, fühlte mein Mund sich pelzig und trocken an. Ich wischte mir mit Fingern über die Mundwinkel, bedeckte mir dann reflexhaft die Lippen mit der Hand und beobachtete Keith hinter dem Schreibtisch. Er hatte eine Art, mich aus dem Konzept zu bringen, ganz ohne etwas zu tun. Ich hatte Angst vor dem, was ich als Nächstes sagen würde. Ich sah an ihm vorbei auf das Rechteck aus Meer. Bei dem Anblick musste ich wie immer an mein altes Wohnzimmer denken. Ich konnte mich an fast alles erinnern. Bedeutungslose Objekte, die Platz wegnahmen. Das lähmende Vakuum. Die Farben, das Licht. Dieses Licht machte mich verrückt.

Sehr inspirierend, nicht wahr?, fragte Keith und betrachtete die Schale fast liebevoll. *Ich kann jetzt schon sehen, wie gut es dir tut.*

Ehrlich gesagt habe ich gerade an meine alte Wohnung gedacht. Von früher, als ich noch nicht auf der WA war. Ich habe versucht, mich zu erinnern, wie es sich angefühlt hat, dort zu sein.

Und wie hat es sich angefühlt?, hakte er nach.

Das weiß ich nicht mehr, sagte ich, was gelogen war. Ich wusste es noch ganz genau.

Dann lass uns der Erinnerung gemeinsam auf die Spur kommen.

Klar.

Du kennst das ja, sagte er. *Bitte sehr.*

Okay, seufzte ich. *Die Wohnung war groß. Ich weiß nicht mehr, wie wir sie eingerichtet hatten. Es gab zwei Schlafzimmer, ein Wohnzimmer, eine Küche, ein Bad und ein Arbeitszimmer. Meine Erinnerungen beschränken sich auf das Wohnzimmer, es ist, als hätte ich mich nirgendwo sonst aufgehalten. Einmal habe ich gelesen. Oder gezeichnet. Ich glaube, ich habe etwas gezeichnet. Und auf dem Tisch stand ein Kaffeebecher. Der Kaffee war kalt, aber im Zimmer war es zu warm. Ich musste ständig gähnen. Ich weiß nicht mehr genau, was ich gezeichnet habe, oder ob ich es überhaupt schon einmal versucht hatte.*

Keith nickte. *Ein guter Anfang.*

Ich schloss die Augen und stellte mir die Szene vor.

Die Wohnung war groß, sagte ich. *Sie war groß, fühlte sich aber klein an. Es gab zwei Schlafzimmer, ein Wohnzimmer, eine Küche, ein Bad und ein Arbeitszimmer. Meine Erinnerungen beschränken sich auf das Wohnzimmer, als hätte ich mich nirgendwo sonst aufgehalten. Einmal war ich dort und habe gezeichnet, und auf dem Tisch stand ein Kaffeebecher. Der Kaffee war kalt, später würde ich ihn verschütten. Im Zimmer war es zu warm, aber ich habe kein Fenster geöffnet. Ich musste ständig gähnen. Ich weiß nicht mehr, was ich gezeichnet habe, aber zu der Zeit hatte ich öfter den Drang zu zeichnen. Ich glaube, an dem Tag habe ich es zum ersten Mal versucht. Ich zeichnete in eine alte Kladde, in der ich sonst Kochrezepte notierte.*

Ich spulte die Szene in Gedanken zurück und sah in alle Ecken. Sie fühlte sich lebendig an, lebendiger als zuvor.

Noch einmal, sagte Keith. *Und geh weiter. Du weißt, wie.*

Meine alte Wohnung. Es gab dort zwei Schlafzimmer, eine Küche, ein Bad, ein Arbeitszimmer, ein Wohnzimmer. Ich habe mich fast nur im Wohnzimmer aufgehalten. Eines Nachmittags saß ich dort und zeichnete ein Bild, und ich weiß noch, dass kalter Kaffee auf dem Tisch stand. Im Zimmer war es zu warm, weil das Fenster sich nicht öffnen ließ, trotzdem hörte ich Geräusche von draußen, den Verkehrslärm. Jemand spielte Kora. Ich hörte die Kora und wollte weinen. Wahrscheinlich war ich sehr müde. Ich musste ständig gähnen.

Ich weiß noch, dass ich zu der Zeit oft den Wunsch verspürte, etwas zu zeichnen, aber an dem Tag zog ich es wirklich durch. Ich nahm eine alte Kladde und einen Stift und wollte zeichnen, wusste aber nicht, was. Ich spielte mit dem Gedanken, meinen Mann zu zeichnen. Oder meine Mutter. Ich dachte daran, die beiden zu zeichnen, ich dachte an stümperhafte Zeichnungen der beiden, wie sie unanständige Dinge tun. Ich weiß nicht, wie ich darauf kam. Stattdessen malte ich meinen Namen. Ingrid. Ingrid. Ingrid. Mein Name war wie ein Unfall, den ich nicht abschütteln konnte. Ich konnte nicht mehr aufhören. Jedes Mal, wenn ich meinen Namen schrieb, wurde ich mir selbst fremder, und zum Schluss hatte das Wort seine Bedeutung verloren.

Ich spürte ein Drücken im Magen, ein Blähen, das mich auf dem Stuhl festhielt. Ich atmete aus und sah auf meine Hände nieder. Ich musste an Ezra denken, seine geballten Fäuste. An meinen schwingenden Fuß und an den Fremden, wie er Blut auf den Gehweg hustet. Ich zwang mich, an etwas anderes zu denken und spürte das überwältigende Verlangen, mich von Keith umarmen zu lassen. Er lehnte sich im Sitzen zurück. Nach einigen Sekunden richtete er sich wieder auf und leerte seine Schale. Die Ränder seiner Lippen waren moosgrün.

Woran denkst du?, fragte er.

An nichts.

Ich glaube, das ist nicht die Wahrheit, sagte er.

Ich stellte mir vor, wie ich das Magnetband aus einer Kassette riss. Die Seiten einer Kladde in Brand steckte. Einen Webbrowser zum Absturz brachte. Was immer sich auslöschen ließ. *Ich möchte nicht darüber reden*, sagte ich.

Ingrid, sagte Keith. *Ich dachte, du wolltest dir mehr Mühe geben.*

Die Bilder des Landgangs trudelten in meinem Kopf ein. Wie ich mich vor dem Supermarkt übergeben hatte. Im Schaufenster eine Kiste mit Topinambur. Wie ich mich in der kühlen Abendluft betrunken hingehockt und in das Boot gepinkelt hatte. Ich fragte mich, ob ich Keith davon erzählen konnte. Aber ich wusste, so etwas kann man niemandem erzählen.

Er stand auf und ging um den Schreibtisch herum. Der Anblick seines Körpers, der immer näher kam, war ebenso erschreckend wie aufregend. Ich erhob mich und trat ihm entgegen. Meine Augen waren auf der Höhe seiner Schultern. Darüber sein eigenartiges Gesicht. Ich fühlte mich betrunken, wie unter Drogen gesetzt. Als könnte ich jeden Moment umkippen.

Du kannst es mir erzählen, sagte er.

Da erst merkte ich, dass ich länger nicht geatmet hatte. Keith legte mir seine Hände an die Oberarme. Seine Handflächen fühlten sich gepolstert an, wie Hundepfoten.

Es ist in Ordnung, sagte er.

Er drückte meine Arme und zog mich an sich, sein Kopf wurde größer. Ich blickte zu ihm auf und sah die weiße Ebene seiner Wange, das rundliche kleine Kinn darunter. Ich dachte nicht mehr. Mein Verstand schmolz zu Waltran, zum weichen Schaumstoff einer Verpackung. Etwas quietschte zwischen meinen Zähnen, mein steifer Kiefer rastete ein. In meinem Mund breitete sich der Geschmack von Münzen aus.

Er stieß mich von sich, taumelte zurück, lehnte sich an den Schreibtisch. Er drückte sich eine Hand auf die Wange, darunter eine verschmierte Hochwassermarke aus Blut. Ich wischte mir über die Lippen und sah rote Streifen auf meiner Haut. Ich wusste nicht genau, ob ich in Panik geraten sollte.

Tut mir leid, sagte ich mit zitternder Stimme. Ich konnte immer noch das Blut in meinem Mund schmecken. *Es tut mir leid.*

Ich drehte mich um, warf mich gegen die Tür und rannte durch den Wartebereich. Ich hörte, wie Keith meinen Namen rief, aber ich wagte es erst, stehen zu bleiben, als ich wieder unter Gästen war.

~~~~~

Der Gedanke, zu Brian in die Kabine oder in das Nagelstudio mit den weißen Wänden zurückzugehen, war mir unerträglich. Ich wollte mich nur an die Reling hängen und aufs Meer starren. Dieses schwere Vergessen. Dieses gewisse Nichts. Das wollte ich. Nichts. Ich wollte keine neuen Reize und den längsten Schlaf. Ich sehnte mich nach der Zeit, als ich in meiner Kabine allein gewesen war, nach den Stunden, in denen ich dort gelegen und die Decke angestarrt und das Gesicht in die weichen, trockenen Laken gedrückt hatte. Ich ging zum Boardwalk. Der Lärm zog mich instinktiv an, ich stürzte mich hinein. Dort im Gewusel kam ich zur Ruhe.

Am meisten war auf dem Boardwalk kurz vor Mittag los. Eine seltsame, lustlose Stunde, zu früh für Shopping oder Wellness. Diese Zeit hatte etwas Nomadisches, die Passagiere lungerten in den Außenbereichen herum oder strichen in einer untröstlichen Geste über die Wasseroberfläche der Pools. Ich spürte die Lethargie, die von ihren Leibern ausging, ein träges, sämiges Gefühl, das auch mich erfasste.

Ein warmer Wind blies Müllreste vor sich her. Manchmal schnappte er sich eine Plastiktüte, riss sie in die Höhe und aus meinem Blickfeld. Ich sah ein paar Imbissbuden. Jemand verkaufte dampfende Papiertüten mit aromatisiertem Mais. Im Innern einer verrußten Metalltonne rösteten Kastanien. Kleinere Gruppen scharten sich um die Straßenkünstler. Eine Frau zeichnete mit einem glühenden Stab Figuren in die Luft. Ein Mann fertigte Statuen aus Sand. Ich blieb vor beiden kurz stehen, betrachtete die stoischen Gesichter der Gäste und versuchte, mich in der Unsichtbarkeit der Menge zu verlieren. Als es zu deprimierend wurde, starrte ich einfach zu Boden. Ich setzte mich wieder in Bewegung, ohne den Blick zu heben, und nachdem ich eine Weile so gegangen war, fing ich instinktiv an, das aufzulesen, was mir im Weg lag, Pappschalen, herausgerissene Zeitschriftenseiten, Eisstiele, so viel, wie ich tragen konnte. Als meine Arme beladen waren, stieg ich auf ein höher gelegenes Deck. Ich wollte dem Himmel näher sein.

Aber eigentlich war es überall gleich, egal wohin ich kam. Träge Körper in leichter Leinenkleidung, Straßenkünstler und Imbissverkäufer. Es roch nach Parfum, Sonnenmilch und Frittieröl. Irgendwann dünnte die Menge sich aus, und hier und da kamen Lücken zum Vorschein. Die warmen Holzbohlen eines Decks, auf dem niemand geht. Ich kauerte mich in eine der Lücken und machte mich daran, den eingesammelten Müll ringförmig um mich auszulegen. Benutzte Serviette. Kaugummipapier. Pappteller. Als der Kreis geschlossen war, legte ich mich hinein und rollte mich auf die Seite. Ich zog die Knie bis ans Kinn, mein Rücken war gebogen wie eine Wimper. Die Menge schob sich vorbei und achtete meine Grenze. Ich schloss die Augen und schlief etwa eine Stunde lang.

༺༻

Ein Memo informierte mich darüber, dass mein Einsatz im Nagelstudio sich dem Ende neigte und in ein paar Wochen mein neuer Dienst begann. Ich würde als Rettungsschwimmerin arbeiten. Ganz kurz wunderte ich mich darüber, zukünftig nicht mehr in leitender Position tätig zu sein. Sicherlich eine Degradierung. Ich fragte mich, ob ich mir Sorgen machen sollte.

Ich erhielt das übliche Schulungsmaterial. Bevor ich anfangen konnte, musste ich mich durch eine Reihe von Lehrvideos und mehrere Dokumentenmappen arbeiten. Ich war traurig, das Nagelstudio verlassen zu müssen, dann wiederum war dort so wenig los, dass wir manchmal stundenlang auf Kundschaft warteten. Es wurden keine zwei Mitarbeiterinnen mehr gebraucht. Rosa war zunehmend frustriert und wischte mehrmals täglich auf ihrem Tablet herum. Als ich ihr erzählte, dass für mich ein Dienstwechsel anstand, sah ich etwas Grausames in ihren Augen aufflackern. Sie machte sich bereit, anscheinend brachte sie sich in Stellung, aber dann überlegte sie es sich in der letzten Sekunde anders. Später an dem Tag schlug ich ihr vor, sich für das Programm zu bewerben, ich würde ihr sogar dabei helfen. Sie sagte, sie werde es sich überlegen, und als sie glaubte, ich könne sie nicht hören, murmelte sie noch etwas in ihrer Muttersprache.

Ein paar Tage später kam ich morgens ins Studio und Rosa lag unter dem Maniküretisch auf dem Rücken. Sie war barfuß und hatte ihre Turnschuhe achtlos beiseitegeschoben. Ich kniete nieder, um sie besser sehen zu können. Sobald sie mich bemerkte, fing sie an zu stöhnen.

Was machst du da?, fragte ich. *Ist alles in Ordnung?*

Alles prima. Mir ist bloß langweilig.

Du solltest aufstehen, sagte ich. *Was, wenn gleich eine Kundin hereinkommt? Was würde sie von uns denken?*

Wir haben keine Kundin, erwiderte Rosa. *Für heute haben wir keine einzige Buchung.*

Ich stand auf und warf einen Blick in den Terminplan. Für die nächsten drei Tage hatten wir keine einzige Buchung. In der darauffolgenden Woche hatten sich ein paar Leute angekündigt, aber das war's. Wie hatte mir das entgehen können?

Wo bleiben sie denn?, fragte ich. *Warum kommen sie nicht mehr?*

Ich fühlte mich für den Zwischenfall bei Keith abgestraft. Er hatte mir meine Führungsrolle genommen, und nun nahm er mir auch noch meine Kundschaft. Er wollte gar nicht, dass ich das Beste aus mir herausholte. Ich tigerte durch den engen Laden. Aus dem Zerstäuber stiegen dünne Schwaden aus Jasmin und Eukalyptus auf. Die Nagellacke waren zu einem Regenbogen angeordnet. Der Boden war so makellos sauber, dass sich mein Gesicht darin spiegelte.

Vielleicht sollte ich mal mit der Marketingabteilung reden?, dachte ich laut. *Oder mit der Kommunikationsabteilung? Wir können das Ruder immer noch rumreißen.*

Ich setzte mich neben Rosas Füße und lehnte den Kopf an ein Tischbein. Ihre Zehennägel waren abwechselnd gelb und orange lackiert und erinnerten an einen Obstbaum. *Ich bringe das in Ordnung*, sagte ich schwach.

Es gibt keine Kundschaft, sagte Rosa. *Siehst du nicht, was hier vor sich geht? Wozu sollten sie an Bord bleiben?*

Ich schloss die Augen und erinnerte mich an meinen Arbeitsweg. Gesprungenes Glas und ausgefranste Teppiche. Am Boden Abfall, der anscheinend nicht mehr zusammengefegt wurde. Ganz kurz erlaubte ich mir zu fühlen, wie müde ich eigentlich war, seit Jahren schon. Ich schlug die Augen auf, starrte in die Deckenleuchte und hoffte auf einen Energietransfer, auf irgendetwas, das mich am Laufen halten würde.

Aber die weißen Studiowände und die einlullenden Räume der *WA* verströmten nichts als Trägheit. Ich dachte an die klebrige Musik, die pausenlos aus den Lautsprechern tröpfelte. Man musste sich körperlich dagegen wehren, andernfalls wurde man ausgebremst. Aber noch während ich über die Musik nachdachte, fiel mir auf, dass ich keine hörte. Aus den Lautsprechern drang nur ein weißes Rauschen, ein benommenes, formloses Knistern.

Ich sah Rosa an. *Was ist mit der Musik?*, fragte ich. *Warum läuft sie nicht?*

Baby, antwortete Rosa, *die Musik läuft schon seit Wochen nicht mehr.*

∼∼∼∼∼

Wir saßen im Nagelstudio, den ganzen Tag und bis spät in den Abend. Irgendwann gab ich es auf und ging nach Hause. Ich nahm einen Umweg über das Außendeck, die salzige Luft war betäubend und antiseptisch. Ich hatte Rosa im dunklen Salon zurückgelassen, wo sie lag und ins Nichts starrte. Ich lief bis zum Ende des Schiffs und lehnte mich an die Reling. Das Meer war schwarz und ölig und versprach mehr, als es halten konnte. Ich wandte mich vom Wasser ab und ließ den Blick über die wenigen Gäste schweifen. Ein Mann in einer Toga. Eine Frau in einem funkelnden Zwanzigerjahrekleid. Und mittendrin Brian, kein Zweifel, Brian saß auf einem Plastikstuhl neben drei fremden Männern. Alle waren ungefähr gleich alt und saßen auf ähnlich geformten Stühlen. Sie tranken und erzählten und ließen sich den Spaß nicht verderben.

Ganz kurz dachte ich daran, hinzugehen und mich vorzustellen oder mir einfach einen Stuhl zu holen und mich dazuzusetzen, aber dann überlegte ich es mir anders. Stattdessen ging ich in die Personalkantine, wo ich ewig nicht gewesen war, und belud einen Teller mit ramponierten Bratkartoffelscheiben, gefüllten Weinblättern, Hühnchenschenkeln in Paprikamarinade und Hummus mit Roter Bete. Ich setzte mich allein an einen Tisch und aß alles auf, umgeben von Kollegen, die ich nicht kannte. Danach sah ich auf meinen gewölbten, schmerzenden Bauch hinunter. Auf dem Weg zur Kabine wurde mir schlecht. Ich zog meinen Pyjama an und legte mich ins Bett. Nach ein paar Stunden kam Brian herein. Ich sah, wie er eine Hose zu einem Kissen zusammenrollte und sich mit seiner Wachsjacke zudeckte. Im Flüsterton fragte ich, was er erlebt habe, und er sagte: *Nichts Besonderes.* Er fragte zurück, und ich wiederholte seine Antwort. In der Kabine stauten sich Schweigen und schlechte Luft. Nach ein paar Minuten wünschte ich ihm eine gute Nacht, aber er war schon eingeschlafen.

<center>~~~~~</center>

Meine letzte Schicht im Nagelstudio verlief ohne besondere Vorkommnisse. Am eindrücklichsten waren der Geruch der Chemikalien, mit denen wir die Gellacke verdünnten, und das beständige Glühen der UV-Lampen. Rosa und ich saßen uns am langen Tisch gegenüber und tranken bitteren Grüntee. Als der Tag zu Ende ging, stand ich auf, spülte unsere Tassen und wischte alle Oberflächen ab, obwohl sie makellos sauber waren.
Was wirst du tun, Baby?, fragte Rosa.
Ich werde eine Rettungsschwimmerin sein, sagte ich.

Sie nahm ein paar Nagellackflakons vom Regal. *Mein Sohn ist immer gern geschwommen*, sagte sie und hielt die Fläschchen schräg, um den Füllstand zu kontrollieren. *Anscheinend trage ich ab jetzt die Verantwortung hier*, fügte sie lächelnd hinzu.

In meiner neuen Rolle würde ich an allen Pools des Schiffes eingesetzt werden, je nachdem, wo ich gerade gebraucht wurde. Ich hatte drei Schulungen absolviert. Gefahrenquellen im Pool erkennen. Rettungsmaßnahmen am Pool einleiten. Poolüberwachung. Dazu ein vierstündiges Video, das ich mir ansehen und währenddessen notieren musste, wann und wo ein Badegast ins Wasser urinierte oder ertrank. Es gab auch zahlreiche Schaubilder, aus denen hervorging, wie man einen bewegungsunfähigen Schwimmer am Kopf an den Beckenrand zieht. Ich übte es mit Brian auf dem schmalen Teppichstreifen unserer Kabine, wo er sonst schlief. Er legte sich auf den Bauch und beugte und streckte seine Gliedmaßen wie ein Frosch in einem Teich, und nach einer Weile fing er an zu strampeln und zu würgen. Ich legte mich neben ihn, schob meinen Arm unter seinen Kopf und legte dann meinen Unterarm über seinen Hals, sanft, aber fest, und dann zog ich ihn mit Beinschlägen ans Ufer. Ich machte mir Sorgen, was passieren würde, wenn ich tatsächlich jemanden ertrinken sah, denn ich konnte immer noch nicht schwimmen.

Meine erste Schicht hatte ich an einem kleinen, ovalen Pool, im sogenannten Kinderbereich. Es waren nur wenige Gäste dort, hauptsächlich Familien. Kleinkinder mit kugelrunden Kleinkindbäuchen, Mütter mit breitkrempigen Strohhüten. Das Wasser war nicht tief, einem Erwachsenen reichte es knapp bis an die Taille. Der Pool hatte eine breite, abfallende Treppe und war überall gleich tief. Wahrscheinlich hätte man ihn in fünf Zügen durchqueren können.

Ich saß auf einem hohen Bademeisterstuhl, einem roten Ledersitz auf einer Art Klappleiter. Ich trug ein T-Shirt und Shorts. Von meinen Schlüsselbeinen baumelte eine Trillerpfeife. Während der ersten Schicht erklärte mir ein anderer Rettungsschwimmer, ein blonder Mann namens Jonathan, wie man die Pfeife benutzt, worauf man achten muss (vor allem auf die Pinkler) und welche Nüsse man am besten in der Tasche hat (Salzmandeln, trocken geröstete Erdnüsse, Hauptsache nichts Klebriges). Er erwähnte auch, dass alle ihn Johnny nannten.

Johnny überließ mir den Hochsitz, als wollte er besonders nett zu einem Kind sein, indem er ihm eine Papierkrone aufsetzt und es mit Majestät anredet. Er stellte sich daneben und lenkte meine Aufmerksamkeit auf alle Geräusche und Geschehnisse, die es zu beachten galt.

Siehst du die Frau in dem leuchtend blauen Zweiteiler?, fragte er und zeigte auf eine rauchende Frau mittleren Alters in einem türkisfarbenen Bikini. *Sie wird ins Wasser aschen.*

Muss ich das verhindern?, fragte ich. *Was soll ich zu ihr sagen?*

Oh nein, lass sie nur, sagte Johnny. *Die Arme ist im Urlaub. Es ist einfach nur gut zu wissen, was die Gäste vorhaben. Du solltest das von jetzt an üben.*

Er blieb für die halbe Schicht, zeigte immer wieder auf einzelne Leute und erklärte mir das antisoziale Verhalten, das sie womöglich gleich an den Tag legen würden. Er sah völlig richtig voraus, dass zwei identisch gekleidete Zwillinge eine Rauferei anfangen würden, die damit endete, dass der unmerklich größere Junge den unmerklich kleineren in den Pool schubste. Er wusste auch, dass eine Vanilleeiskugel mit Schokostreuseln aus der Waffel rutschen und mit einem traurigen Platschen im Wasser landen würde. Doch die meisten seiner Voraussagen trafen nicht ein. Er stellte sich für jede einzelne Person, die im Wasser schwamm oder mit einem Sonnenhut auf dem Gesicht und einem Glas warmer Sangria in der Armbeuge auf einer Liege lag, das denkbar schlimmste Szenario vor. Er erklärte mir, meine Aufgabe bestehe in erster Linie darin, einzugreifen und das Schlimmste zu verhindern, noch bevor es sich ereignete. Und um das Schlimmste zu verhindern, musste man es sich vorstellen können. Eine Frau schlang den Arm um eine Gitterstange, legte sich zurück und ließ sich auf dem Wasser treiben.

Siehst du, was da direkt neben ihr ist?, fragte er und zeigte auf eine kleine Umwälzpumpe keinen halben Meter neben ihrem Kopf. Er führte pantomimisch auf, wie sie angesaugt wurde und ertrank.

Ma'am, sagte er und tippte ihr auf die Schulter. *Ich muss Sie bitten, auf die andere Seite des Beckens zu wechseln.*

Die Gefahren lauerten überall, und wenn ich das anders sah, war ich naiv. Darin bestand der Rettungsschwimmerjob.

Wahrscheinlich werden nicht allzu viele Leute diesen Pool nutzen, sagte er und nickte zu den wenigen Eltern auf den Liegen und den wenigen planschenden Kindern hinüber. *Der Filter ist schon vor einer ganzen Weile kaputtgegangen, aber Keith erlaubt uns nicht, ihn zu reparieren. Das Wasser schmeckt komisch.* Er hielt inne. *Angeblich ist er runtergekommen und hat Leute gebissen.*

Er hat was?, fragte ich.

Er hat Gäste gebissen, wiederholte Johnny. *Hast du es nicht gehört?* Er zog die Schultern fast bis an die Ohren. *Was sollte man machen?*

Er ließ mich auf dem Hochsitz zurück. Mein Blick schoss hin und her, von den Kindern zu einem älteren Paar und weiter zu einem einsamen, dickbäuchigen Mann. Ich versuchte, Katastrophen vorauszusehen, aber eigentlich konnte ich nur an Keith denken und an das, was ich ihm suggeriert hatte. Und je länger ich darüber nachdachte, desto weniger konnte ich eine gewisse Freude unterdrücken. Er war nicht böse auf mich, warum auch? Ich war seine Muse.

Im Laufe des Nachmittags verließen die Leute den Pool, räumten die Liegen und zogen sich in ihre Kabinen zurück. Sie bespritzten sich mit Duty-Free-Parfum, zogen einen Anzug oder ein bodenlanges Kleid an, gaben die Kinder beim Babysitterservice ab, tranken Cocktails und schlugen sich den Bauch voll. Ich war beeindruckt von jenen, die der veränderten Schwerkraft des Tages widerstanden und sich weiterhin dem Versuch verschrieben, eine schöne Zeit am Pool zu haben. Nach der Schicht zog ich einen Kescher über die Wasseroberfläche und fischte die sich auflösenden Servietten ab. Der Pool war stinkig und verdreckt, einzelnen Müll zu entfernen änderte nichts daran. Aber meinem Verständnis nach gehörte es trotzdem dazu.

Ich deckte den Pool mit einer Plastikplane ab, als brächte ich ihn ins Bett. Ich ging zurück in meine Kabine, wo ich Brian versorgte und schlafen legte, und am nächsten Morgen wachte ich noch vor Sonnenaufgang auf und ging wieder zur Arbeit. Es war schön, im natürlichen Rhythmus von Tag und Nacht zu leben, von Licht und Dunkel. Anscheinend hatte ich mehr Zeit. Ein guter Arbeitseinsatz, für den ich dankbar war.

∼∼∼∼∼

Jeder einzelne Pool an Bord hatte eine eigene Stimmung und eigene Besonderheiten. Die Innenpools hatten ein tropisches Klima und einen chemischen Geruch. An den Außenpools bekam ich von der Hitze einen rötlichen Ausschlag an Armen und Unterschenkeln, meine salzige Haut spannte. Ein Pool war von nordischen und römischen Göttern umstanden. In einem anderen konnte man sich unter Wasser von klassischer Musik beschallen lassen. Ein Pool hatte gefärbtes und je nach Jahreszeit aromatisiertes Wasser, Kürbisgewürz im Herbst und Glühwein zu Weihnachten. Ich verbrachte meine Tage damit, zu beobachten und einzugreifen. Ich bat Mädchen im Teenageralter, die Hände unter Wasser doch bitte vom Kopf der kleinen Schwester zu nehmen und forderte Männer höflich auf, die Badehose anzubehalten. Ständig aufmerksam zu sein war eine anspruchsvolle Aufgabe; zwischendurch musste ich mich in eine der Umkleiden zurückziehen und mich selbst ohrfeigen.

Die Abende hingegen wurden einfacher. Brians Selbstvertrauen war enorm gewachsen. Er hatte einen netten Freundeskreis gefunden, mit dem er Tagesausflüge unternahm, wenn die *WA* irgendwo anlegte. Abends kehrte er kichernd und mit roten Wangen zurück und war so aufgekratzt, dass er kaum einschlafen konnte. Wenn er unterwegs war, schaute ich manchmal in Keiths Büro vorbei. Manchmal war er da, aber meistens nicht. Wir nahmen ein einziges alkoholisches Getränk zu uns, dann ging ich wieder. Über den Biss redeten wir nie, aber manchmal legte Keith sich beim Sprechen unbewusst eine Hand an die Wange.

Eines Abends nach der Arbeit pingte mein Tablet. Ich aß gerade Instantnudeln und verfolgte halbherzig eine Folge *Frasier*. Brian war mit seinen Freunden ausgegangen, erst in die Pizzeria und dann ins Kino. Ich stellte meine Schale ab und verschüttete dabei etwas Nudelwasser. Nun war auf dem Laken ein brauner Fettfleck. Mir war der dritte und letzte Landgang des Jahres gewährt worden.

Ich legte das Tablet auf die Bettdecke, ohne die übliche Mischung aus Aufregung und Furcht zu fühlen. Stattdessen fand ich die Vorstellung leicht ermüdend. Was sollte ich an Land tun, was ich nicht längst ausprobiert hatte? Ich erinnerte mich an eine Unterhaltung mit meinem Mann. Es war um Fußball gegangen. *Aber es ist nie vorbei*, hatte ich einmal zu ihm gesagt, als er seitlich auf dem Sofa ausgestreckt lag. *Sieg und Niederlage sind nie endgültig, sondern immer nur ein vorübergehender Zustand.*

Du verstehst es nicht, sagte er. *Das ist das Schöne daran.*

Ich finde, es sollte einen Schlusspunkt geben, fuhr ich fort. *An dem der Fußball insgesamt aufhört. Und wer immer zuletzt gewonnen hat, ist der Sieger. Der echte Sieger.*

Du Dummkopf, sagte er, sprang vom Sofa auf und jagte mich durch's Wohnzimmer. Er kitzelte mich. *Der echte Sieger des Fußballs!*, äffte er mich mit näselnder, affektierter Stimme nach. *Seht mich an, ich bin der echte Sieger des Fußballs! Dummkopf.* Er packte mich von hinten und hob mich hoch, ich klappte vornüber und bekam vor Lachen keine Luft mehr. Wahrscheinlich hatten wir auch glückliche Momente erlebt, nur dass ich mich an die meisten nicht erinnern konnte.

Je länger ich über den Landgang nachdachte, desto mehr sorgte ich mich um das, was Brian in meiner Abwesenheit womöglich tat. Wieder einmal wurde mir klar, wie sehr seine Existenz mich verändert hatte. Ich konnte nicht einfach weitermachen wie zuvor. Ich konnte nicht einfach losgehen und mich bis zur Besinnungslosigkeit betrinken. Ich trug jetzt eine gewisse Verantwortung. Ich lag im Bett, machte mir Sorgen und wartete auf Brian. Als ich die Kabinentür hörte, stand ich auf und wartete, bis er aus dem Bad kam. Ich umarmte ihn, und er erwiderte die Umarmung, ohne nach dem Grund zu fragen und mit exakt demselben Druck.

Ich habe Landurlaub, sagte ich. *Nächste Woche gehe ich von Bord. Es ist nur für einen Tag. Ich muss aber nicht, wenn du etwas dagegen hast.*

Ist schon okay, sagte Brian. *Wir schaffen das.*

∿∿∿∿∿

Einen Tag, bevor wir anlegten, wurde ein halber Torso in meine Kabine geliefert. Er hatte keine Arme und ein herunterklappbares Kinn. Dazu erhielt ich eine Packung mit antibakteriellen Feuchttüchern. Ich legte den Torso auf den Boden und demonstrierte Brian, wie man das Kinn herunterzieht, um die Atemwege freizubekommen. Ich zeigte ihm, wie man die Lippen um den Gummimund schließt. Wie und wie oft man hineinatmet, und in welchen Abständen. Ich zeigte ihm, wie man die Finger verschränkt und wo man sie auf dem gefederten Brustkorb platziert. Wie stark der ausgeübte Druck sein muss, und wie oft man drückt. *Schlag, Schlag, Schlag*, sagte ich. *Deine Handballen sind der Herzschlag.* Ich zeigte ihm, wie man ein Leben rettet.

Danach saßen wir erschöpft und Seite an Seite auf dem Bett, aßen Pistazien und warfen die Schalen auf die Puppe, Puppe am Boden. Ich hatte immer noch den süßlichen Popcorngeschmack des Gummis auf den Lippen.

Du bist nicht du selbst, sagte Brian. *Schon seit einer ganzen Weile nicht.*

Doch, widersprach ich. *Wer sollte ich sonst sein?*

Brian holte eine halbe Pistazienschale aus seinem Mund. Sie lag in seiner Handfläche wie ein winziges, auf Grund gelaufenes, von Speichel überzogenes Kanu.

Am liebsten lutsche ich das Salz von der Schale, erklärte er. *Probier es mal.*

Ich knackte eine Pistazie, warf die eine Hälfte der Schale zu Boden und schob mir die andere in den Mund. Sie war sehr salzig. Ich lutschte, bis ich nichts mehr schmeckte, und dann spuckte ich sie ohne weiter nachzudenken aus. Brian lachte und tat es mir gleich. Wir lutschten die Schalen ab und spuckten sie einfach auf den Boden, bis wir keine Pistazien mehr hatten. Danach ging ich kurz in die Personalkantine und holte Brian ein ausgewogenes Abendessen aus Hühnersuppe, Brötchen und etwas eingelegtem Gemüse. Ich zog mir die Decke um die Schultern wie einen Umhang, sah ihm beim Essen zu und lauschte, während er mit leisen Schlürfgeräuschen die Suppe trank. Als er fertig war, räumte ich das Geschirr weg. Wir sahen ein bisschen fern und schalteten von einem Sender zum nächsten, was aber nicht unangenehm war. Mir fielen die Augen zu und ich sagte Brian, ich müsse jetzt ins Bett. Er putzte sich ohne zu widersprechen die Zähne und legte sich in sein Nest am Boden. Ich schaltete das Licht aus.

Mach dir keine Sorgen, sagte ich. *Ezra wird hier sein, noch bevor du aufwachst.*

Okay, sagte er schläfrig. *Ich werde dich vermissen.*

Ich werde dich auch vermissen.

LAND

Ich hatte unruhig geschlafen und fühlte die Müdigkeit als rosa Brennen unter den Augenlidern. Vor mir schleppten die Kollegen sich mit schwerfälligen Bewegungen von Bord. Auf einmal ärgerte ich mich über sie und ihre schlecht sitzenden, fleckigen und krass unpassenden *WA*-Trainingsanzüge. Dass ich den gleichen Anzug trug und meine Abscheu daher vollkommen unlogisch war, wusste ich natürlich. Die schneidende Küstenluft hatte einen seltsamen Geruch, von dem ich sofort einen dumpfen Kopfschmerz bekam. Und da war noch etwas. Als ich weiter die Betonrampe hochging, spürte ich ein Ziehen in den Waden.

Wir mussten uns vor der Passkontrolle anstellen, obwohl wir nur für einen Tag einreisten. Ich hielt meinen Reisepass in der Hand, der abgegriffen, aber vollständig war. Eine Frau in Uniform winkte mich heran und drückte das Büchlein auf einen Scanner.

Was ist der Anlass für Ihren Besuch?, fragte sie.
Ich mache einen Ausflug, antwortete ich.
Sie gab mir meinen Pass zurück und winkte mich durch.
Bitte, sagte sie. *Schön, dass Sie wieder da sind.*
Draußen hatte ich kein bisschen das Gefühl, in Meernä-

he zu sein. Die Luft roch nicht nach Fisch, sondern nach Schotter. Keine Möwen waren zu hören, nur Autos. Der Ort fühlte sich übertrieben festländisch an, wie eine mutwillig eingeschlossene Stadt. Der Gedanke hatte etwas Tröstliches, obwohl mein Körper natürlich trotzdem schwankte.

Ich atmete tief ein und dachte, ah, Luftverschmutzung! Ich folgte einer langgezogenen Straße. In die Betonfassaden der Gebäude waren bunte Glasscheiben in willkürlichen Abständen eingesetzt. Ich ging eine ziemlich lange Zeit geradeaus, die Sonne fühlte sich auf der Haut ein bisschen ungewöhnlich an, fast wie eine chemische Wärme. Das Gleißen leuchtete alle Gehwege bis in den letzten Winkel aus, und alle waren hässlich. Am Boden sah ich Rotze. Große gelbe Klumpen davon. Graue Inseln aus zertretenem Kaugummi und platte Zigarettenkippen. Wo bin ich hier?, wunderte ich mich angesichts der weiß-roten Straßenschilder und der gebeugten, gehetzten Passanten. Dann dämmerte es mir wie in einem Horrorfilm, wenn der Babysitter zu dramatischer Klaviermusik die Treppe hochschleicht, statt zur Tür hinaus zu rennen. Aus den Tiefen des Hauses ein Rufen. Oh ja, dachte ich, die Schnellmerkerin. Ich bin zu Hause.

Ich war seit fünf Jahren nicht mehr zu Hause gewesen. Mein erster Gedanke war, dass ich die Person von damals nicht wiedererkennen würde. Sie wäre eine Fremde. Aber sofort folgte ein zweiter Gedanke, nein, natürlich wäre sie keine Fremde, sie war damals dieselbe wie heute. Der Gedanke lag mir schwer im Magen.

Als ich jünger war, hatte sich jede meiner Entscheidungen willkürlich angefühlt. Ich wollte zum neuen Job und fand mich im falschen Bus wieder, unterwegs zu einem Job, den ich vor Monaten gekündigt hatte. Ich zog um, und beim nächsten Termin auf der Bank nannte ich die alte Postleitzahl. Ständig den Überblick behalten zu müssen, erzeugte einen unerträglichen Druck. Diese Verantwortung, immer alles richtig machen zu müssen, Tag für Tag, Minute für Minute. Wie bewältigten die Menschen ihr Leben? Die Lösung präsentierte sich mir wie ein Stoppschild: Sie tranken.

So hatte es angefangen. Aus einer Laune heraus. Eines Abends ging ich von der U-Bahn nach Hause und kam an einem Pub im Erdgeschoss eines Eckhauses vorbei, dessen Fassade sich leicht über die Gehwegplatten wölbte. Es hatte etwas mit den Konturen der Backsteine zu tun. Wäre die Ecke eine spitze Kante gewesen, hätte ich den Pub nicht betreten, aber die Wölbung verlieh dem Haus etwas Weiches, als würden hier Kinder spielen. Und ich sehnte mich vor allem nach Weichheit. Auf der Schwelle blieb ich stehen und nahm den verheißungsvollen Alkoholgeruch wahr, den angenehmen Temperaturwechsel, das bambusfarbene Licht. Ich wusste, ich musste da hinein.

Ich setzte mich allein an einen Tisch, legte meinen Mantel über die Lehne des zweiten Stuhls und stellte meine Tasche, meinen Schirm, die Einkäufe und meinen Laptop darunter. Ich ließ alles dort stehen, ging an den Tresen und bestellte ein Glas Wein. Ich hatte noch nie allein getrunken, und es fühlte sich aufregend an. Ich trug den Wein an den Tisch und stellte ihn ab, wobei ich das Glas anmutig und elegant am Stiel hielt, zwischen Daumen und Zeigefinger. Ich fragte mich, ob ich ein Buch dabeihatte. Am Ende war es egal, denn ich trank zügig, in stetigen, gleichmäßigen Schlucken, wie man eine Chipstüte leert; die Hand greift in die Tüte und holt einen Chip nach dem anderen heraus, rhythmisch und stumpf. Ich brauchte keine zusätzliche Unterhaltung.

Als ich fertig war, brachte ich das Glas zum Tresen, bestellte noch einen Wein und kehrte damit an meinen kleinen Tisch zurück, bloß dass ich diesmal etwas beherzter zugriff, in die Mitte, wo der Stiel sich zu einer Glocke entfaltete, zu einer Weinhemisphäre in meiner Hand. Diesmal trank ich etwas langsamer. Im Pub waren nur wenige andere Gäste, hauptsächlich Männer, und keiner von ihnen hatte mich bemerkt. Nach dem zweiten Wein fühlte ich mich betrunken, aber noch nicht betrunken genug. Ich ging noch einmal an die Bar und bestellte einen dritten, den ich schnell und mühelos hinunterkippte. Er schmeckte nach Wasser. Er schmeckte nach nichts.

Und da war ich definitiv betrunken. Ich zog meinen Mantel von der Lehne, schlüpfte hinein und versuchte, den Gürtel in der Taille zu binden. Ich sammelte meine Sachen ein, nahm den Laptop über die Schulter, den Schirm unter den Arm, die Lebensmittel an die Hand. Ich hatte ja so viel zu tragen. Ich ging nach Hause. Der Weg war nicht weit. Daheim ließ ich alles fallen, ging nach oben und übergab mich. Ich hatte seit dem Frühstück, einem Bagel mit Frischkäse und Räucherlachs, den ich langsam und an meinem Schreibtisch gekaut hatte, nichts mehr gegessen. Mein Mann rief von unten, er wollte wissen, warum ich nicht ans Handy gegangen war. Ich rief zurück, dass ich mich krank fühlte.

Ich zog mich im Bad aus, ließ meine Kleider als Haufen auf den Fliesen liegen und kroch nackt ins Bett. Ich wachte auf, als etwas neben mich hingestellt wurde, ein Becher Pfefferminztee. Ich trank, so viel ich konnte, dann schloss ich wieder die Augen. Ich wollte unbedingt weiterschlafen, aber es klappte nicht. Ich war zu wütend. Ich war so wütend auf meinen Mann. Auf seine Zärtlichkeit. Seine Fürsorge.

Ich hatte immer noch Alkohol im Blut, aber nicht genug. Ich fragte mich, ob es jemals genug wäre. Dann musste ich doch wieder eingeschlafen sein, denn als ich das nächste Mal zu mir kam, graute ein kühler Morgen. Neben dem Bett stand eine Spülschüssel aus Plastik, die Brust meines Mannes hob und senkte sich gleichmäßig, und die Sonne war schon wieder dabei, in unerbittlicher Hartnäckigkeit aufzugehen.

Ich gewöhnte mir an, mehrmals pro Woche auf dem Heimweg von der Arbeit in den Pub zu gehen. Danach wankte ich nach Hause, übergab mich und legte mich direkt ins Bett. Meinem Mann erzählte ich, ich hätte Magenprobleme, und eine Zeit lang tat er so, als glaubte er mir. Aber dann kam ich immer später nach Hause, übersät von Schnittwunden und blauen Flecken, die ich mir nicht erklären konnte, und mit Weinflecken auf der Bluse, die seine sorgsam gehegte Unwissenheit ins Lächerliche zogen. Ich kam weinend nach Hause, oder ich kam nach Hause und fing einen Streit an. An einem Abend trank ich so viel, dass ich kaum noch sehen, unsere Straße und ihre Häuser nicht mehr erkennen konnte. Mein Mann fand mich draußen, gestützt auf das Gartentor der Nachbarn. *Ich kann nichts mehr sehen!*, rief ich. *Ich bin blind!*

Das ist nur Schnee, sagte er und legte den Arm um mich. *Es schneit.*

Er sammelte mich ein, duschte mich ab, brachte mich ins Bett. Es wurde zu einer Routine. Jeden Morgen dieselbe Diskussion. Ich versprach, aufzuhören, er suchte mich im Pub und bat den Barkeeper, mir nichts mehr auszuschenken. Ich wich auf andere Pubs aus, Pubs, in denen ich mich nicht sicher fühlte und an die ich mich hinterher nicht mehr erinnern konnte.

Manchmal hörte ich für eine gewisse Zeit auf, für einen Monat oder zwei, und dann war alles wie früher. Wir saßen auf dem Sofa und badeten im meergrünen Licht. Ich betrachtete das Profil meines Mannes, seine keimende Hoffnung, und ich überlegte mir, dass es fast besser wäre, sie einfach zu enttäuschen. Das war besser, als seine Erleichterung zu spüren und zu wissen, dass die nächste Katastrophe nicht auf sich warten ließ. Und tatsächlich, schon bald fiel im Büro irgendetwas vor, und ich war auf dem Heimweg und dachte: Ich brauche einen Drink.

Während einer nüchternen Phase entdeckte ich die Stellenanzeige für die *WA*. Während einer Trinkphase erfuhr ich, dass ich den Job bekommen hatte. Was ich dann tat, erschien mir zu der Zeit kein bisschen unvernünftig. Ich packte einen kleinen Koffer, legte eine Nachricht aufs gemachte Bett und kam nie zurück. Am Ende hatten wir uns in eine unhaltbare Lage gebracht, das wussten wir beide. Ich hatte immer geglaubt, es sei das Würdevollste, wenn mein Mann mich einfach verließ, aber er tat es nicht und würde es nie tun, so viel war klar. Ich war diejenige, die gehen musste. Zum ersten Mal im Leben handelte ich in voller Absicht.

Ich sah mich suchend um, aber da waren nur mehr von den niedrigen grauen Gebäuden. Ich fragte mich, ob ich das Viertel kannte. Nichts schien vertraut, aber ich vermutete, dass das Gegenteil zutraf. Ich ging weiter, bis ich eine Reihe von Geschäften entdeckte, einen Herrenfriseur, eine Anwaltskanzlei, einen Salon für professionelle Haarentfernung, ein eritreisches Restaurant und schließlich eine Bar, in der ich schon einmal gewesen war. Die Frage, ob ich sie betreten und mich betrinken sollte, bis mein Gesicht taub wurde, stellte sich gar nicht. Ich ging hinein und verlangte zwei doppelte Wodka auf Eis, mein altes Standardgetränk, bei dem ich gelandet war, nachdem ich erkannt hatte, dass es mir lediglich auf die Wirkung ankam. Ich brauchte es nicht notwendigerweise zu genießen.

Den ersten Wodka trank ich noch am Tresen, den zweiten nahm ich zu einem Tisch im hinteren Teil mit. Gegenüber von mir saß eine alte Frau vor einer Kaffeetasse. Links von mir stierte ein Mann mit einer Hautkrankheit in ein halb leeres Ciderglas. Die Luft war schwer vor Reglosigkeit. Ich nippte am Wodka. Als ich ihn ausgetrunken hatte, ging ich zum Tresen und bestellte noch zwei. Die Frau stand auf, holte sich eine zerfledderte Zeitung und kehrte an ihren Tisch zurück. Ich beobachtete sie mit der verzückten Neugier einer Dokumentarfilmerin. Als ich ein drittes Mal am Tresen stand, hieß es, ich bekäme keinen Alkohol mehr, solange ich nicht etwas zu essen dazubestellte. Ich zeigte auf gut Glück in die Speisekarte und bekam einen letzten doppelten Wodka und fünf Minuten später einen großen Teller mit Brot und Kochschinken. Ich ignorierte das Brot und schob mir die nassen rosa Tüchlein gefaltet in den Mund. Ich spülte mit einem Glas Wein nach, billiger Rotwein, der neben dem Heizkörper gelagert wurde und tatsächlich warm war. Dann zahlte ich, ging hinaus und winkte ein Taxi heran.

Im Taxi musste ich mich übergeben. Es kam zu einem Streit über die Frage, ob der Taxifahrer mich zum gewünschten Ziel bringen würde. Er erklärte sich erst bereit, als ich sagte, er könne mir berechnen, was immer er wolle, was immer er für angemessen halte. Er setzte mich vor meiner alten Wohnung ab und versuchte nicht einmal, seinen Ekel zu verbergen. Ich ging direkt zur Haustür und hämmerte dagegen. Ich dachte keinen Moment nach. Nach ein paar Minuten öffnete mir mein Mann.

~~~~~

Das Bad war jetzt in einem Eierschalenton gestrichen, außerdem standen dort gepflegte Topfpflanzen, deren grüne Wedel über das Fensterbrett hingen und fast den Boden berührten. Badewanne, Toilette und Waschbecken waren unverändert, aber blitzsauber, nirgendwo eine Spur von Schimmel. An die Handtücher erinnerte ich mich, sie waren frisch und sauber und durch den vielen Gebrauch dünner und weicher geworden.

Mein Mann schrubbte mich mit einem großen gelben Schwamm sauber, dieselbe Sorte Schwamm, mit der man sein Auto waschen würde. Er spritzte etwas unparfümiertes Duschgel darauf und wischte mich ab wie einen Tisch, den er schon unzählige Male abgewischt hatte. Ich stützte mich gegen die gefliese Wand, hin und wieder drohten meine Knie nachzugeben. Als er fertig war, hielt er sich den Duschkopf übers Handgelenk, prüfte die Temperatur und spülte mich dann ab. Er wickelte mich in zwei der duftigen Handtücher, eins für den Körper und eins für die Haare. Dann half er mir in ein Flanellhemd, das er bis auf Brusthöhe zuknöpfte, und anschließend in No-Name-Boxershorts und eine karierte Pyjamahose. Ich fragte, wo mein Trainingsanzug sei, und er antwortete, er habe ihn weggeworfen.

Er führte mich ins Schlafzimmer und bot mir das Bett an. Die ganze Zeit hielt ich nach irgendwelchen Indizien Ausschau. Ich sagte ihm, ich würde nicht einschlafen können. Doch, sagte er, und er hatte recht, ich schlief ein. Als ich aufwachte, wartete er schon auf mich. Er saß am Fußende wie ein treues Haustier. Mit ruhiger Stimme kündigte er an, er werde mir einen Tee holen. Er kehrte mit zwei Bechern Pfefferminztee zurück, wie immer, und stellte einen auf meine Seite und den anderen auf seine Seite des Betts. Er stützte das Gesicht in die Hände, weinte aber nicht. Nach einer Weile sagte er: *Trink den Tee, bevor er kalt wird.*

Als wir beschlossen hatten, es zu versuchen, hatte er mir erklärt, wir dürften keinen Kaffee mehr trinken, denn es gebe da einen Zusammenhang zwischen Kaffee und verminderter Fruchtbarkeit. Er bestellte kistenweise Kräutertees und experimentierte mit den unterschiedlichen Sorten herum, aber eigentlich mochten wir nur Pfefferminze. Ich nahm während der Arbeit mehr als genug Koffein zu mir, aber das wusste er natürlich nicht.

Ich hob den heißen Becher vom Nachttisch und führte ihn an meine gesprungenen Lippen. Der Tee verbrannte die aufgeplatzten Stellen. Ich nahm all meinen Mut zusammen, um ihn zu fragen, um Gewissheit zu haben. Mein kribbelnder Mund war wund.

Hast du ein Baby bekommen?, fragte ich schließlich. *Hast du ein Kind?*

Er blies auf seinen Tee.

Nein, sagte er, ohne mich anzusehen.

Die Erleichterung tat so gut, am liebsten hätte ich laut geheult.

Wir tranken schweigend den Tee. Als mein Mann fertig war, stand er wortlos vom Bett auf und ging nach unten. Ich blieb eine Weile liegen. Ich war immer noch sehr betrunken. Beim Blick an die Zimmerdecke fiel mir auf, dass er auch die gestrichen hatte. Die feuchten Stellen von damals waren nicht mehr zu erkennen, die Flecken übermalt. Ich stellte ihn mir vor, wie er alte Bettwäsche auf dem Boden ausbreitet, wie die Farbe von der Rolle in sein Gesicht tropft, und bekam ein zärtliches Gefühl.

Wir hatten uns in einer Bar kennengelernt. Das war zu der Zeit, als ich im Büro arbeitete, mein erster Bürojob überhaupt. Ich wohnte immer noch zu Hause bei meinen Eltern und tat alles in meiner Macht Stehende, um das zu ändern. Ich ging mit meinen Kolleginnen in Bars. Wir alle gingen nur aus, um Männer kennenzulernen. Wir setzten uns an einen der hohen Tische und überprüften unauffällig, wer sonst noch da war. Wir tauschten Tipps aus, wie man einen Mann ansprechen und in ein Gespräch verwickeln konnte. Am Ende sprach mein Mann mich an. Er machte mir ein Kompliment für mein Kleid und fragte, ob ich etwas mit ihm trinken wolle. Ich bejahte, und als ich am Tisch meiner Kolleginnen vorbeiging, zogen sie kichernd die Augenbrauen hoch.

Er gab mir einen Weißwein aus. Er stellte Fragen zu meinem Job und erzählte von seinem. Dann wollte er wissen, wo ich lebte, und ich erklärte ihm, dass ich immer noch bei meinen Eltern wohnte. *Tja, das ist nicht gerade ideal*, sagte er, und ich pflichtete ihm bei, es war in der Tat nicht ideal. Wir verabredeten uns. Er lud mich ins Kino ein, ins Restaurant. Er schien echtes Interesse an mir zu haben, aber ich konnte nicht verstehen, warum. Meine Eltern fragten, wo ich die ganze Zeit bloß sei, und ich sagte, ich würde Freundinnen besuchen. Nach ein paar Monaten bot er mir an, bei ihm einzuziehen. Ein Jahr später heirateten wir. Meine Eltern waren dagegen, sie konnten mir meine Unehrlichkeit nicht verzeihen. Später brach ich den Kontakt ab. Ich hatte mein Leben lang darauf gewartet, den Kontakt abzubrechen.

Als ich nach unten kam, saß er auf dem Sofa. Auf dem meergrünen Sofa. Vor ihm auf dem Sofatisch lagen verschiedene Dokumente ausgebreitet. Als er mich sah, wurde er schlagartig ernst und sagte: *Das ist vertraulich*, machte aber keine Anstalten, sie zusammenzuschieben oder wegzuräumen. Ich blickte mich im Wohnzimmer um. Alles sah aus wie immer. Ich setzte mich ganz außen ans andere Ende des Sofas, stützte mich auf die Armlehne. Näher konnte ich ihm nicht kommen.

Was ist mit deiner Hand passiert?, fragte er.

Ach, das. Das musste sein.

Warum musste es sein? Er sah aus, als würde er gleich in Tränen ausbrechen. *Warst du betrunken?*

Es war wegen der Arbeit. Eine Maßnahme zur Selbstoptimierung, erklärte ich.

Er schwieg eine längere Zeit. *Ich weiß nicht, ob das ein Witz sein soll oder nicht*, sagte er. *Das ist doch verrückt.*

Nein, ist es gar nicht, sagte ich leise.

Ich drehte den Kopf und sah ihn an. Irgendwann erwiderte er den Blick. Auf einmal erschien es mir wie das Natürlichste von der Welt, ihn zu küssen, also rutschte ich an ihn heran und küsste ihn knapp unter dem linken Auge, mitten auf den Wangenknochen. Ich hatte die Stelle schon sehr oft geküsst. Er reagierte nicht, wehrte sich aber auch nicht.

Du bist immer noch betrunken, sagte er. *Du riechst nach Wodka.*

Es geht mir gut.

Ich habe Vitaminwasser da, fuhr er fort. *Im Kühlschrank. Das hat dir früher auch immer geholfen.*

So betrunken bin ich nicht. Es war schon viel schlimmer.

Wie wahr, sagte er. *Wie wahr.*

Er stand auf und verschwand in der Küche. Ich hörte die Kühlschranktür und das Knistern von Folie. Er kam mit einer großen Flasche zurück, ließ den Deckel knacken wie ein Kellner und reichte sie mir. Das Wasser schmeckte nach Brausepulver, nach Zuckerperlen. Ich trank weiter und dachte über unser altes Leben nach. Mir wurde schlecht. Mir wurde schlecht von dem Wasser und von den Erinnerungen. Mein Mann beugte sich herüber und drückte meine Hand, und ich fing an zu weinen, was sonst.

Was machst du hier?, fragte er nach einer Weile. *Warum bist du zurückgekommen?*

Ich wollte dich sehen.

Ingrid, sagte er. *Dass du mich sehen willst, bedeutet nicht, dass du einfach herkommen kannst. Du kannst nach all der Zeit nicht plötzlich hier auftauchen. Weil du mich sehen wolltest! Was soll das überhaupt heißen?*

Ich klammerte mich an das Gefühl, betrunken zu sein. An das Gefühl, dass um mich herum zufällig irgendwelche Dinge passierten. Die nicht direkt mit mir zu tun hatten. Ich wusste, ich sollte mich entschuldigen, aber es war unmöglich. Ich wusste nicht genau, ob der Grund meine tiefgreifende Reuelosigkeit war oder das Gefühl, ihm nichts schuldig zu sein. Wahrscheinlich beides.

Es tut mir nicht leid, sagte ich. *Ich weiß, dass du eine Entschuldigung hören willst, aber nein. Es tut mir einfach nicht leid.*

Dann entschuldige dich eben nicht, seufzte er.

Wir saßen Hand in Hand da, und ich weinte noch ein bisschen. Als ich fertig war, ließ er los, und ich drückte mir den Hemdärmel ans Gesicht. Er war zu gestärkt, um meine Tränen aufzunehmen; sie benetzten den Stoff, ohne einzuziehen. Ich verspürte das starke Bedürfnis, meinem Mann alles zu erzählen und es wie eine lustige Geschichte klingen zu lassen, wie früher, wenn ich ihm erzählt hatte, was mir im Büro passiert war oder im Pub. Stattdessen schob ich meine Füße unter seinen Oberschenkel und machte es mir auf dem Sofa gemütlich. Ich erinnerte mich daran, wie bequem das war, wie sicher und warm. Dass ich früher nicht mehr aufstehen wollte, sobald ich einmal saß.

Ich ließ den Kopf auf die Armlehne sinken und wollte wieder einschlafen, aber da sagte mein Mann etwas, das mich unglaublich wütend machte. Es trieb mich zur Weißglut.

Es war nicht deine Schuld, sagte er.

Wie bitte?

Selbst vor dem Alkohol. Wir hatten einfach kein Glück. Ich weiß, du hast dein Bestes gegeben.

Ich zog die Füße an, stand auf und sah mich um. Ich hielt es nicht mehr aus, ich wollte nicht schon wieder in diesem Rechteck gefangen sein. Ich flüchtete in die kalte, nackte Küche. Die Ecken waren krumm, als würden sich die Wände biegen. Ich suchte nach dem Mülleimer. Ich erwog, hineinzukriechen.

Wessen scheiß Schuld war es dann?

Ich habe dir nie einen Vorwurf gemacht. Er sprach in sanftem Ton mit meinem Rücken.

Ich ging zum Mülleimer und trat dagegen, ich wollte ihn verbeulen, aber er war aus Metall und kippte nur um. Ich trat noch fester zu, aber es half nichts.

Scheiße!, schrie ich.

Ich spürte seine Fingerspitzen an meiner Schulter. *Weißt du, mir tut es auch leid. Mir tut es leid, selbst wenn es dir nicht leidtut. Aber ich glaube, das tut es. Die Dinge haben sich einfach anders entwickelt als erhofft, und du musst dir das vergeben.*

Ich brauche dein Mitleid nicht! Ich habe einen Sohn!, schrie ich. *Er heißt Brian!*

Mein Mann wich zurück, als hätte ich ihn geschlagen, zurück bis an die Wand. Er sah aus, als wollte er in der Wand verschwinden.

Das wusste ich nicht, sagte er schwach. Er wandte sich ab und ging wieder ins Wohnzimmer. Zurück in das Rechteck. *Würdest du rüberkommen und dich wieder hinsetzen? Bitte?*

Er klopfte zaghaft neben sich, und ich wünschte mir abermals, es wäre nicht so bequem. Auf einmal begriff ich, was für einen hervorragenden WA-Rekruten er abgeben würde. Er war nicht bloß resilient, er war praktisch unzerstörbar. Ganz kurz spielte ich mit dem Gedanken, es ihm vorzuschlagen. Vielleicht wäre das eine Möglichkeit, es doch noch zu schaffen.

Ich setzte mich hin und holte tief Luft, ich atmete, als hinge mein Leben davon ab. Mein Mann schaltete den Fernseher ein. Die Sendung kannte ich nicht, aber ich sah sie mir trotzdem an. Es war, als hätte sich nichts geändert, als würde sich niemals etwas ändern, und wir hatten resigniert und machten einfach weiter. Ich schlief ein, und als ich wieder aufwachte, war es dunkel. Mein Mann saß über seine Dokumente gebeugt. Es war, als wären wir nie getrennt gewesen.

Hallo, Schlafmütze, sagte er. Auf einmal wirkte er ganz weich. Früher war das oft vorgekommen, nach einem Streit wurde er nachgiebig. Er wurde anhänglich, folgte mir durch die Wohnung und wollte mich umarmen, wollte hören, dass ich nirgendwo hingehen würde. *Wie fühlst du dich?*

Ich rieb mir das rechte Auge und gähnte ausgiebig.

Hungrig, sagte ich. *Ich fühle mich hungrig.*

Tja, dann sollten wir dir etwas zu essen besorgen.

Wir gingen hoch ins Gästezimmer. Wie sich herausstellte, bewahrte er dort sämtliche Kleider von mir auf. Sie lagen in schweren, vakuumverschlossenen Plastiksäcken. Die Säcke ließen sich nur unter Mühen aufreißen.

Tut mir leid, sagte er und zerrte am Plastik.

Ist schon okay, sagte ich großmütig.

Kurz darauf lag überall Kleidung in leuchtend bunten Farben verteilt. Paillettenkleider, Blusen mit Spitzenkragen. Ich betrachtete die auf dem Boden ausgebreiteten Stücke, die vielen Strukturen und Farbnuancen der Person, die ich einmal gewesen war. Ich entschied mich für ein rostrotes Shirt und eine schwarze Stoffhose. Ich zog mich aus und schämte mich gar nicht für meine Nacktheit. Das neue Outfit roch leicht muffig, passte aber wie angegossen. Ich betrachtete mich im Spiegel und musste ganz kurz an das Fotostudio auf der *WA* denken, wo man sich als Pirat oder als feine Dame aus der viktorianischen Epoche verkleiden konnte.

Wo essen wir zu Abend?, fragte ich.

Wo möchtest du denn essen?, fragte er zurück.

Ich sagte ihm, ich hätte Lust auf eine Pizza. Er freute sich. Gleich um die Ecke hatte ein neues Restaurant eröffnet, nur einen kurzen Fußmarsch entfernt.

~~~~~

Wir gingen hinein, und ich war verblüfft, wie sehr es dort nach einer echten Pizzeria roch und aussah, ganz im Gegenteil zu den Restaurants auf der *WA*, die nur so taten, als ob. Der Unterschied war schwer zu erkennen, aber unmöglich zu ignorieren.

Ich mag es hier, sagte er. *Ich komme jeden Samstag her.*

Mit wem kommst du jeden Samstag her?, fragte ich unschuldig.
Keine Ahnung, antwortete er. *Mit Frauen.*
Oh.
Oh?, wiederholte er fast trotzig.
Er reichte mir die Karte und empfahl die Pizza mit Gorgonzola. Als der Kellner kam, hielt ich mich an seine Empfehlung. Er selbst wollte eine Margherita mit Oliven. Wir bestellten zwei Cola und einen Salat zum Teilen. Als die Pizza serviert wurde, spürte ich das heftige Verlangen nach einem Glas Wein.
Sag mir, dass ich ein Glas Wein trinken kann, sagte ich versuchshalber. *Ein Glas Wein und nicht mehr.*
Wie bitte?
Sag mir, dass ich ein Glas Wein trinken darf, wiederholte ich. *Und das mache ich dann.*
Ich werde dir nicht vorschreiben, was du trinken darfst. Du meine Güte.
Der Keller kam. Ich bestellte ein Glas Wein und wünschte mir, es gäbe eine Regel. Mein Mann nahm einen Espresso. Wir tranken schweigend, dann lenkte er das Gespräch auf Brian. *Wie ist er so?*, fragte er mit einem zerknirschten Lächeln. Ich bedeutete dem Kellner, mir nachzuschenken..
Manchmal ist er ziemlich still, erzählte ich. *Und wenn er einen nicht kennt, ist er eher schüchtern. Aber nach einer Weile taut er auf. Er hat auf dem Schiff viele Freundschaften geschlossen. Es fühlt sich ein bisschen merkwürdig an, aber ich bemühe mich, ihn nicht zu kontrollieren. Er ist sehr vernünftig, und er weiß, wo er mich im Notfall finden kann.*
Ich griff zur Karte. Vielleicht sollte ich einen Nachtisch bestellen.

Und dein Finger?, fragte er. *Das hast du nicht wirklich für den Job machen müssen, oder?*

Ich wurde in ein spezielles Programm aufgenommen, erklärte ich. *Wir sollten ein Zeichen setzen. Am Ende haben alle auf dem Schiff es machen lassen.*

Aber warum?

Ich hielt den warmen Stiel des Weinglases umklammert und sprach langsam und bedächtig. *Weil alles aus dem Nichts kommt und wieder im Nichts verschwindet.*

Auf dem Nachhauseweg plapperte er nervös drauflos. Er erzählte von seinen Patienten, von den Renovierungsarbeiten, von den Ferien, die er gern machen würde. Als wir wieder in der Wohnung waren, bat er mich zu bleiben.

Das geht nicht, sagte ich. *Ich habe Brian.*

Bring ihn mit, sagte mein Mann mit brüchiger Stimme.

Und ich habe Mia und Ezra, fuhr ich fort. *Sie sind meine Freunde, und sie brauchen mich.*

Dann bring sie ebenfalls mit. Wir haben genug Platz. Wenigstens für die erste Zeit. Wir finden eine Lösung. Seine Stimme klang gepresst. *Bitte?*, schob er hinterher.

Ich ging nach oben und holte noch ein paar Kleidungsstücke aus den Plastiksäcken. Mein Mann packte sie für mich in einen kleinen Koffer. *Zur Überbrückung*, sagte er. Er nahm zwei Taschenbücher aus dem Regal und legte sie oben auf die Kleidung. Es war, als würde ich in den Urlaub fahren. Wir legten den Koffer hinten ins Auto, und mein Mann fuhr mich zum Hafen. Er fuhr so nah an die *WA* heran, wie es erlaubt war, und küsste mich zum Abschied.

Okay, sagte ich da. *Okay.*

Wirklich?, fragte er.

Wirklich.

Bei der Kontrolle zeigte ich meinen Pass vor. Ich war immer noch betrunken. Die Beamtin wirkte gleichgültig und leicht verschwitzt.

Hatten Sie einen schönen Aufenthalt?, fragte sie.

Ich hatte einen tollen Aufenthalt.

Ich lief die Betonrampe hinunter. Auf die *WA* zurückzukehren war minimal leichter, als sie zu verlassen. An Bord herrschte eine verstörende Leere, wo ich mit Gedränge gerechnet hatte. Aber sobald ich wieder in meiner Kabine war und die Tür hinter mir zugemacht hatte, beruhigte ich mich. Ich nahm das Tablet und schrieb Brian eine Nachricht: *Ich habe wunderbare Neuigkeiten.*

SEE

Ich schlief kurz ein, auf dem Bett und bei brennendem Licht. Etwa eine Stunde später wachte ich auf. Ich hatte Durst, mir war übel, und ich fühlte mich insgesamt nicht gut. Brian war immer noch nicht zurück, aber ich war dankbar für die Ruhe.

Bis zum Morgengrauen hatte der Kater sich voll hinter meinen Augen entfaltet und mein Herz donnerte mit aller Wucht gegen die Rippen. Das Meer bewegte sich in großen Wellen. Ich musste mich zweimal übergeben. Ich lag im Bett und vertrieb mir die Zeit damit, an alle Menschen zu denken, die sich in meinem Leben um mich gekümmert hatten. Ich stellte mir meinen Mann vor, wie er mir einen kalten Lappen auf die Stirn legt. Mia, wie sie meine Kabine aufräumt. Den an meinen Rücken gekuschelten Ezra. Ich stellte mir sogar vor, Keith würde mir ein Glas Wasser bringen und mir sagen, er gehe erst, wenn ich ausgetrunken hätte. Zum Schluss stellte ich mir Brian vor, wie er schüchtern durch die Flure der *WA* schleicht und sich nach etwas umsieht, was ich vielleicht gern essen würde. So ist das, wenn man altert. Kinder werden zu Eltern. Es kommt zu einem Rollentausch. Der Gedanke beruhigte mich, als gäbe es da einen Plan für das gesamte Universum.

Wenn ich mir nicht gerade vorstellte, wie andere sich um mich kümmerten, schwankte ich zwischen meiner Sorge um Brian, der sich vielleicht in Schwierigkeiten gebracht hatte, und meiner Wut auf ihn, weil er mir nicht sagte, wo er war. Weil er keine Rücksicht auf meine Gefühle nahm. Wir mussten dringend über die Planänderung sprechen. Ich wollte wissen, wie er den Vorschlag fand, mit mir und meinem Mann zusammenzuleben. Irgendwann am frühen Morgen schlief ich doch noch einmal ein, obwohl es die unangenehme Sorte Schlaf war, als äße man über den Punkt der Sättigung hinaus. Nach dem Aufwachen stellte ich irritiert fest, dass er immer noch nicht zurück und sein Plätzchen am Boden verdächtig leer war.

Ich ging ins Bad, spülte mir den Mund mit Wasser aus, spuckte ins Becken und untersuchte mein Gesicht im Spiegel. Die Fältchen, die sich von meinen Augenwinkeln bis in den Haaransatz zogen. Ich war ja so gut darin, Dinge zu verlieren. In der Hinsicht war ich eine verdammte Sensation. Weil ich mich für die Arbeit fertig machen musste, klappte ich den Klodeckel hinunter, setzte mich hin, drehte die Dusche auf und ließ mich berieseln. Bevor ich mein Arbeitsoutfit anzog, trocknete ich mich nicht ab, weil ich mir überlegt hatte, dass die Kleidung das für mich erledigen würde. Nass. Trocken. Wo war der Unterschied? Ich sah auf dem Tablet nach, für welchen Pool ich eingeteilt war, und zu meiner Erleichterung befand er sich drinnen. Mir würden die frische Luft und die Sonne erspart bleiben, vorläufig.

Ich schlurfte durch einen der Servicekorridore. Die unteren Decks waren wegen einer Instandhaltungsmaßnahme geschlossen, und die Aufzüge funktionierten nicht, also nahm ich die Treppe. Als ich ankam, war der Pool menschenleer. Das Wasser sonderte einen leicht ranzigen Geruch ab. Ich musste wieder an Brian denken und malte mir aus, wie ich ihn nach meiner Schicht in der Kabine vorfinden würde, zerknittert und wartend. Wir hatten uns ja so viel zu erzählen. Vielleicht würde ich ihm vom Heimweg etwas mitbringen, eine Schachtel Donuts oder einen dieser schaumigen, mit Kekskrümeln bestreuten Milchshakes, die er so mochte. Er neigte wirklich zur Maßlosigkeit. Ich starrte in das sattgrüne giftige Wasser. Ich vergewisserte mich, dass ich allein war, dann legte ich den Kopf zurück und stieß ein extrem langgezogenes Seufzen aus.

Nach meiner Schicht vergaß ich die Donuts und den Milchshake mit den Kekskrümeln und eilte direkt zur Kabine, aber Brian war immer noch nicht da. Ich wurde panisch. Ich ging los und suchte alle seine Lieblingsplätze auf, alle Orte, die wir zusammen besucht hatten, und je länger ich suchte, desto ängstlicher wurde ich. Ich klapperte die Kaschemme, die Sushi-Bar und die Saunen ab. Ich ging in alle Restaurants, die Steak servierten, und in alle Eisdielen. Ich lief mit weichen Knien auf dem Boardwalk hin und her, packte Fremde bei den Schultern und drehte sie um, aber ich konnte Brian nicht finden.

Am Ende kam mir die Idee, den Rezeptionsservice anzuschreiben. Vielleicht hatte Brian sich dort gemeldet. Ich ging zurück in meine Kabine und verfasste eine zugegebenermaßen sehr lange und leicht wirre Nachricht. Dann legte ich mich aufs Bett und versuchte, ruhig zu atmen. Anscheinend rückten die Wände näher. Ganz kurz dachte ich daran, zu Keith zu gehen, aber ihm zu beichten, dass ich ihn enttäuscht hatte, war das Letzte, was ich jetzt brauchte. Es blieb nur noch ein Mensch, den ich um Hilfe bitten konnte.

Ich kündigte mich nicht bei Mia an, sondern ging einfach zu ihrer Kabine. Im Flur war es warm und dunkel. Anscheinend war die Klimaanlage ausgefallen, nur jede zweite Leuchte brannte. Ich legte die Stirn an die Kunststofftür und stellte mir einen Drink vor, einen dunklen Schnaps, der mir durch die Kehle rann und mich von innen wärmte. Der meine Muskeln entspannte und mir half, klar zu denken. Ich stieß mich von der Tür ab und schlug mit der flachen Hand dagegen. Es klang dumpf und klatschend. Offenbar sprach die Verzweiflung aus allem, was ich tat. Mia öffnete mir Sekunden später. Sie trug ein dünnes T-Shirt und eine Hose und wirkte unkonzentriert, als hätte ich sie bei irgendetwas gestört.

Was willst du?, fragte sie. Ihre Miene verriet Erleichterung ebenso wie Abscheu.

Hast du Brian gesehen?

Nein, sagte sie und verdrehte die Augen. *Ich habe Brian nicht gesehen. Warum?*

Ich weiß nicht, wo er ist. Als ich vom Landgang zurückkam, war er nicht in der Kabine, und jetzt kann ich ihn nicht finden. Hat er irgendwas gesagt? War er hier?

Mia trat einen Schritt zurück und winkte mich herein. Ich überzeugte mich davon, dass die übrigen drei Kojen leer und ihre Mitbewohnerinnen nicht da waren, dann setzte ich mich auf ihr Bett. Sie setzte sich neben mich, ließ zögerlich eine Hand über meinem Oberschenkel schweben und legte sie mir schließlich aufs Knie.

Sicher geht es ihm gut, sagte sie. *Hast du es schon beim Rezeptionsservice versucht?*

Ja, vor Ewigkeiten. Keine Reaktion.

Hör mal, wahrscheinlich macht er bloß einen Tagesausflug. Wir liegen immer noch im Hafen. Sicher kommt er heute Abend zurück.

Ich muss ihn etwas Wichtiges fragen.

Mia überlegte, sah mich argwöhnisch an. *Was musst du ihn fragen?*

Ich habe meinen Mann besucht, sagte ich. *Wir werden bei ihm einziehen. An Land. Wir verlassen die WA.*

Deinen Mann? Du bist verheiratet?

Ja, sagte ich schüchtern.

Aus der Koje gegenüber kam ein Geräusch. Die Decke war zerwühlt, unten ragte ein Fuß heraus.

Du hast vollkommen recht, flüsterte Mia. *Wir müssen hier weg. Wir alle.*

Ihr Gesicht war ernst. Erst jetzt fiel mir die halb gepackte Reisetasche auf, die am Fußende ihres Betts auf dem Teppich stand. Ich hätte nie damit gerechnet, dass sie einwilligen und tatsächlich mitkommen würde. Der Plan, wieder bei meinem Mann einzuziehen, hatte sich angefühlt wie fast alles auf der WA: wie eine Täuschung. Aber vielleicht war es genau der Schritt, der jetzt notwendig war. Ich stellte mir vor, wie wir vier zusammen von Bord gingen, bereit für ein neues Leben. Bei dem Gedanken wurde mir schwindelig.

Aber es ist nicht mehr wie früher, sagte ich. *Zwischen dir und mir. Mit Ezra. Wir sind keine Familie mehr.*

Natürlich ist Ezra meine Familie, sagte sie leise. *Und du auch. Wenn du willst.*

Was ist mit Brian?

Ingrid, er ist ein Gast. Er ist nicht echt. Nichts davon ist echt. Sie überlegte und redete mit harter Stimme weiter. *Weißt du, zuerst hatte ich Schwierigkeiten, es zu begreifen. Warum du auserwählt wurdest und ich nicht.*

Ich sah auf ihre Hand hinunter, die sich, ohne dass Mia es merkte, in meinen Oberschenkel gekrallt hatte. Mia machte nicht einmal bei ihren Gesten halbe Sachen. Meine Hand auf ihrem Oberschenkel wäre schlaff und unsicher gewesen. *Es lag daran, dass du schon fertig bist*, sagte ich. *Du bist eine vollständige Version deiner selbst. Du hast keine Veränderung nötig.*

Das stimmt nicht. Sie wollte weitersprechen, unterbrach sich, setzte von neuem an. *Ich weiß nicht, was ich hier noch mache.*

Sie streckte die Hand nach der Fernbedienung aus, schaltete den Fernseher ein und zappte durch die Kanäle. Ich musste an das Hotelzimmer denken, in dem ich mit Ezra gewesen war. An den großen Flatscreen an der Wand, die kleine Digitalanzeige darunter. Bei der Erinnerung wurde mir übel vor Scham.

Weißt du, du hast mich nie gefragt, warum ich hier bin, sagte sie.

Du mich auch nicht.

Weil ich wusste, dass du nicht darüber reden willst. Sie pausierte kurz. *Und, warum bist du hier?*

Ich will nicht darüber reden.

Mia zappte weiter. Ich starrte in den Bildschirm und versuchte, mich in den wechselnden Bildern zu verlieren.

Was ist mit dir?, fragte ich.

Tja, jetzt will ich auch nicht mehr darüber reden, äffte sie mich nach.

Ich stand auf, drehte mich um und zog sie vom Bett hoch. Wir sahen uns sekundenlang in die Augen. Zwei Steinengel an einem Brunnenrand, die einander anspeien. Manche Beziehungen entstehen auf einer Wippe, dachte ich, sie leben vom Ungleichgewicht der Macht. In der letzten Zeit waren Mia und ich uns immer öfter als Ebenbürtige begegnet. Ich fragte mich, wozu sich unsere Freundschaft noch entwickeln könnte. Sie legte die Hände an meine Arme und hielt mich fest.

Ich liebe dich, sagte sie.

Ich liebe dich auch, antwortete ich und meinte es ehrlich. *Ich werde dich immer lieben.*

Gut. Sie drückte noch fester zu. *Ingrid, hör mal. Die unteren Decks sind jetzt schon geflutet. Alle Shops haben dichtgemacht. Wir müssen vom Schiff runter. Noch heute Abend.*

Okay, sagte ich. *Okay. Aber erst muss ich Brian finden.*

~~~~~

Ich ging zurück zu meiner Kabine, wobei ich die stillgelegten Flure mied. Hing da eine leichte Feuchtigkeit in der Luft? Schwer zu sagen. Als ich wieder im Bett lag, griff ich zum Tablet, schaltete es ein und suchte nach neuen Nachrichten. Der Rezeptionsservice hatte schon vor einer Stunde geantwortet.

Brian ist von Bord gegangen. Sein Aufenthalt bei uns ist beendet. Wir hoffen sehr, dass die Erfahrung für ihn zufriedenstellend war.

Ich setzte mich auf die Bettkante und ließ das Wissen minutenlang sacken. Eine merkwürdige Ruhe ergriff mich, die verschwommene Erleichterung, endlich Gewissheit zu haben. Aber sobald das Wissen zu mir durchgedrungen war, sprang ich auf. Das Tablet fiel herunter und traf mein Knie. Ich wollte mich bewegen, vor dem furchtbaren Gefühl davonlaufen, doch die Kabine war zu klein und außerdem wäre alles immer hier bei mir. Wie fühlte ich mich? Ich fühlte mich, als hätte jemand einen Angelhaken in meine Scheide geschlagen und die Schnur einmal durch mich hindurchgezogen, sie kam oben aus meinem Mund wieder heraus, stülpte mein Inneres nach außen und klatschte mich auf den Boden. So fühlte ich mich. Schieß mir eine Kugel in den Kopf. Schlag mich gegen eine Wand. Wirf mich über Bord. Umnachtung, bitte. Ich ließ mich bäuchlings aufs Bett fallen und brüllte in die Matratze. Ich blieb eine lange Zeit so liegen. Als ich den Druck auf meine Blase nicht mehr aushielt, schleppte ich mich zur Toilette. Mein Körper war schwer und klamm. Es war mir egal. Während des Pinkelns weinte ich weiter. Ich kroch wieder ins Bett. Sobald ich lag, fiel mir etwas auf. Das Schiff bewegte sich. Wir hatten abgelegt.

∽∽∽∽∽

Am nächsten Morgen wachte ich auf und staunte darüber, dass ich überhaupt eingeschlafen war. Aus reiner Gewohnheit hob ich das Tablet vom Boden auf. Es war nass. Ich beugte mich über die Bettkante und drückte eine Hand in den Teppich, auf den schmalen Streifen, wo Brian geschlafen hatte. Alles war sumpfig und feucht. Aus irgendeinem Grund funktionierte das Tablet trotzdem noch. Ich öffnete den Messenger und sah eine neue Nachricht, eine Einladung zum letzten Meeting im Rahmen des Programms, verschickt im Auftrag von Keith.

Herzlichen Glückwunsch, Ingrid, stand da, *und willkommen zu deiner Abschlussfeier.*

∽∽∽∽∽

Als ich die Kabine verließ, stand das Wasser auf dem Teppich schon fast drei Zentimeter hoch. Ich musste unbedingt Ezra und Mia finden, wir brauchten einen Plan. Ich ging zu Mias Kabine und klopfte an. Eine ihrer Mitbewohnerinnen öffnete mir, eine Frau, mit der ich nur ein Mal gesprochen hatte.

Sie ist nicht hier, sagte sie.
Ist sie bei der Arbeit? Wo arbeitet sie? Ich muss sie sehen.
Ihr Bruder war hier, sagte die Frau. *Gestern am späten Abend. Ich glaube, sie wollten im Theater übernachten, in einer der Logen. Sie werden dort bleiben, bis Hilfe eintrifft.*
Hilfe wird eintreffen?, fragte ich.
Ich bezweifle es.
Willst du auch weg?
Mias Mitbewohnerin zuckte die Achseln.
Vielleicht.

~~~~~

Ich zog das eng anliegende Kleid von Mia an. Inzwischen war es einfach nur noch ekelhaft. Ich brachte es trotzdem nicht übers Herz, etwas anderes zu tragen. Auf dem Weg kam ich an meinem Lieblingspool vorbei, einem Innenbecken mit Statuen aus Marmorimitat. Er war menschenleer und nur noch zur Hälfte mit Wasser gefüllt. Die Dampfsauna dampfte nicht mehr, die finnische Sauna war kalt. Irgendwo verfaulte etwas.

Ich stellte mich ans flache Ende, kauerte mich hin, hielt die Waden ins Wasser. Trotz der geringen Tiefe war ich nervös. Es sind schon Menschen in einem Suppenteller ertrunken, hörte ich meine Mutter sagen. Das Bild hatte ich sehr lange nicht mehr aus dem Kopf bekommen. Ich stieg in den Pool und watete durch das trübe avocadogrüne Wasser. Es reichte mir bis an die Hüfte; um mich davon verschlucken zu lassen, musste ich in die Hocke gehen. Es war meine Taufe. Genau das, was ich jetzt brauchte. Ich tauchte mehr als einmal unter, genoss die Stille, den Druck an den Augen.

Ich stieg erst aus dem Wasser, als ich zu zittern anfing, und beinahe wäre ich auf der schmalen Metallleiter ausgerutscht. Weil ich in der Strumpfhose keinen festen Halt fand, zog ich sie einfach aus. Auch die Schuhe ließ ich liegen. Ich ging barfuß weiter. Auf einmal fiel mir ein Erlebnis aus einem Frankreichurlaub wieder ein, vor langer Zeit, als ich ein Kind war. Ich wollte vom Planschbecken zu den kleinen, mit Sonnenschirmen geschützten Tischen laufen aber der heiße Untergrund verbrannte mir die Fußsohlen. Ich hopste von einem Bein aufs andere und rief meinen Vater, und er nahm mich schwungvoll auf den Arm und trug mich in den Schatten hinüber.

Auf dem Weg zu Keith navigierte ich durch unterschiedliche Wassertiefen. Das Wasser lief über die Treppen wie ein Deko-Effekt. Auf dem Boardwalk trieben sich immer noch ein paar Gäste herum, einige lagen unter Papierservietten auf den Liegen. Die Wasserrutsche war mit Badetüchern verstopft. Ein Holzofen stand in Flammen. Zwei Männer im Smoking stritten um einen Teller offensichtlich verdorbener Austern. Ich sah einen Mann, der an einem Eiswagen stand und sich mit bloßen Händen das geschmolzene Eis in den Mund schaufelte. Zach.

Was tust du da?, rief ich.

Wonach sieht es denn aus?, fragte er gereizt.

Heute ist meine Abschlussfeier, sagte ich. *Vom Programm.*

Schön für dich.

Die oberen Decks schienen weniger feucht zu sein. Der Wartebereich vor Keiths Büro war leer. Kein aromatisiertes Wasser. Keine Mochi. Kein Sessel hinter dem Tresen. Keine Empfangsdame, die mir irgendwelche Anweisungen gab.

Ich sah mich um und fragte mich, wie weit ich gehen könnte. Was, wenn ich mich nackt auszog und mir die Augen ausheulte? Was, wenn ich unter den Tresen kroch und mich weigerte, wieder herauszukommen? Stattdessen nahm ich geduldig Platz. Ich war überzeugt, dass Keith mich zu sich rufen würde, wenn die Zeit gekommen war. Das Kleid durchnässte das Sitzkissen. An meinen Füßen bildete sich eine Pfütze. Nach einer Weile flog die Tür auf, Keith kam heraus und durchschritt den halben Wartebereich, bevor er mich entdeckte. Er war ebenfalls barfuß, seine Füße wirkten verdreckt. Auf seiner Wange prangte ein perfektes Oval aus rötlichen Zahnabdrücken. Ein stummer Schrei.

Ingrid, sagte er. *Da bist du ja.*

Er trug einen Kimono und aufgekrempelte Jeans. Ich hatte ihn noch nie im Kimono gesehen. Er zeigte auf sich.

Auf zur Zeremonie, sagte er. *Komm mit.*

Ich folgte ihm in sein Büro und wartete, während er auf und ab lief, Schriftstücke aus den Regalen nahm und ohne erkennbares System auf den Schreibtisch legte. Ich schaute zu, und da dämmerte mir zum ersten Mal, er könnte entweder sehr dumm sein oder sehr gefährlich, oder beides.

Und, was führt dich her?, fragte er. Anscheinend hatte er mich kurzzeitig vergessen.

Die Abschlussfeier.

Ach ja, natürlich. Dann wollen wir mal. Wahrscheinlich bist du sehr aufgeregt?

Ja, sagte ich. *Wahrscheinlich.*
Wunderbar, murmelte er.

Er schlenderte zum Sideboard und kam mit einer Teekanne, zwei Tassen und einer Pappschüssel zurück, in der offenbar Instantramen lagen. Feierlich setzte er die Teekanne ab, dann stellte er eine Tasse vor mich hin und eine vor sich. Die gefriergetrockneten Nudeln stellte er beiseite.

Wir haben kein heißes Wasser, sagte er, *also werden wir uns mit kaltem begnügen.*

Er schenkte Tee in beide Tassen und hob seine in die Höhe. Ich imitierte seine Bewegungen und griff zu meiner, und er stieß mit mir an. Es klirrte leise. Er leerte seinen Tee in einem Zug und schenkte sich nach. Ich nippte nur an meinem. Er schmeckte nicht nach Tee, sondern nach kaltem, nicht ganz sauberem Wasser. Keith nahm die Nudeln, zerbrach sie in zwei Hälften und bot mir eine an. Ich nahm sie entgegen, biss ab und kaute sie trocken.

Glückwunsch, sagte er. *Du hast jetzt ganz offiziell deinen Abschluss gemacht.*

Danke, sagte ich. *Vielen herzlichen Dank.*

Gern geschehen. Du kannst jetzt gehen.

Er machte eine Geste. Ich stand auf, drehte mich um und ging langsam und bedächtig zur Tür. Es ist vorbei, dachte ich. Was sollte ich tun? Ich sah mich in Keiths Büro um, spürte den Teppich unter meinen feuchten Füßen. Hier oben war alles so trocken. Die Wände. Der Boden. Die Möbel. Alles war unbestreitbar trocken.

Ich fixierte den Türknauf und zwang mich zum Weitergehen. Ich musste an Mia und Ezra denken, eingerollt unter wassermelonenroten Samtvorhängen mit goldenen Fransen. Ich dachte an Brian draußen in der Welt. An meinen Mann auf seinem Sofa. Ich fragte mich, was er gerade machte, ob er die Wohnung für meine Rückkehr herrichtete. Ich sah zwei Becher Pfefferminztee, die auf getrennten Nachttischen abkühlten. Ich dachte an sein Gesicht, seine unermüdliche Liebe.

Es war Zeit zu gehen. Ich würde vielleicht nicht zu meinem Mann zurückkehren, aber ich würde gehen. Ich würde Ezra und Mia mitnehmen, wir könnten uns zu dritt auf die Suche nach Brian machen. Ich sah uns untergehakt durch eine helle Stadt laufen, in der niemand von uns je gewesen war. Ich drehte mich noch einmal zu Keith um, der immer noch seine Unterlagen ordnete.

Was war der Sinn des Ganzen?

Der Sinn wovon?

Davon, sagte ich. *Die WA. Die Maßnahme. Das Programm.*

Er überlegte kurz, trank einen Schluck Tee.

Es sollte dich vorbereiten, sagte er.

Vorbereiten worauf?

Worauf?, wiederholte er begeistert. *Was glaubst du, worauf es dich vorbereiten sollte?*

Ich betrachtete Keith, seinen golden schimmernden Bart, die müden Schatten unter seinen Augen. Und dann sah ich an ihm vorbei aus dem Fenster. Die See war glatt und ruhig, aber immer noch bedrohlich. Ein meergrünes Rechteck. Ich warf einen letzten Blick auf die Einrichtung von Keiths Büro, auf die vielen beschädigten Gegenstände. Ich dachte an die Fabriken, in denen alles hergestellt worden war. Als Kind hatte ich das oft getan, ich hatte die Objekte bestaunt und die rätselhaften Orte, von denen sie kamen. Alles erschien so wohlüberlegt. Alles folgte einem Plan. Auf einmal bemerkte ich Wasser unter der Tür.

Ich bin bereit, das Beste aus mir herauszuholen, sagte ich lächelnd. *Ich bin endlich so weit.*

Toll, sagte Keith und nickte unschlüssig. *Was soll das heißen?*

Ich trat an den Schreibtisch.

Bitte, sagte ich, *setz dich doch.*

Keith legte den Kopf schief. *Ich sitze schon*, sagte er.

Oh, nein, sagte ich, *ich möchte, dass du hier drüben sitzt.*

Er stand auf und kam zögerlich näher.

Gut, sagte ich, ohne ihn aus den Augen zu lassen. *Sehr gut.*

Ich ging um den breiten, glänzenden Schreibtisch herum, ließ mich auf Keiths Sessel nieder und machte es mir bequem. Ich sah zu ihm hinüber, und endlich waren wir auf Augenhöhe. Das rechteckige Fenster konnte ich nicht mehr sehen, und auch nicht das Meer. Es war, als existierte es nicht.

Keith, sagte ich. *Kannst du mir noch einmal von der japanischen Ästhetik des Wabi-Sabi erzählen?*

Ja, antwortete er, immer noch ein wenig verunsichert. *Alles kommt aus dem Nichts, und alles verschwindet im Nichts.*

Ich betrachtete sein Gesicht. Dort, wo ich ihn gebissen hatte, waren jetzt winzige, mit Eiter gefüllte Bläschen zu sehen. Die Wunde hatte sich entzündet.

Wunderbar, sagte ich. *Von vorn, bitte. Und versuch diesmal, ein paar Details einzubauen.*

DANKSAGUNG

Ich danke Hermione Thompson. Ich liebe unsere Zusammenarbeit, und ich kann ständig von dir lernen. Dank an Sarah-Jane Forder für ihre Geduld und ihren scharfen Blick, und an Emma Brown für die Koordinierung. Ich danke dem gesamten Team von Penguin und Hamish Hamilton. Ich bin so stolz, wieder bei euch zu veröffentlichen.

Ich danke Caolinn Douglas, Emily Bell, Chloe Texier-Rose, Nathalie Ramirez und allen bei Zando für ihren Enthusiasmus und ihre Energie. Es war sehr aufregend, im Eröffnungsprogramm zu erscheinen. Ich danke Blackie Books und Atlantik von Hoffmann und Campe.

Ich danke Becky Thomas, meiner wunderbaren Agentin und Freundin.

Ich danke dem Arts Council England für das *Developing Creative Practice*-Stipendium, ohne das ich diesen Roman nicht hätte schreiben können.

Ich danke Clare O'Mahoney. Nie werde ich deine enorme Großzügigkeit und deine Freundschaft vergessen. Ich danke Alex Boswell für das exzellente Feedback. Dank an Danielle Jawando, die beste Schreibfreundin aller Zeiten, und an Jessica Treen für ihren immer fundierten Rat. Ich danke Mary und Phil, die sich dieses Jahr so gut um uns gekümmert haben. Ich danke all meinen wunderbaren Freunden und Freundinnen.

Ich danke Mum, Dad, meiner Schwester und meiner Oma für Liebe, Ermutigung und Unterstützung.

Danke, Peet, du bist der beste Dad und Partner auf der Welt. Ich liebe dich so sehr. Danke, Marek, du absolut perfekter Engel.